気波動 百花繚乱

波動技術は無限に進化する

「気」驚異の進化5

西海 惇
Nishiumi Makoto

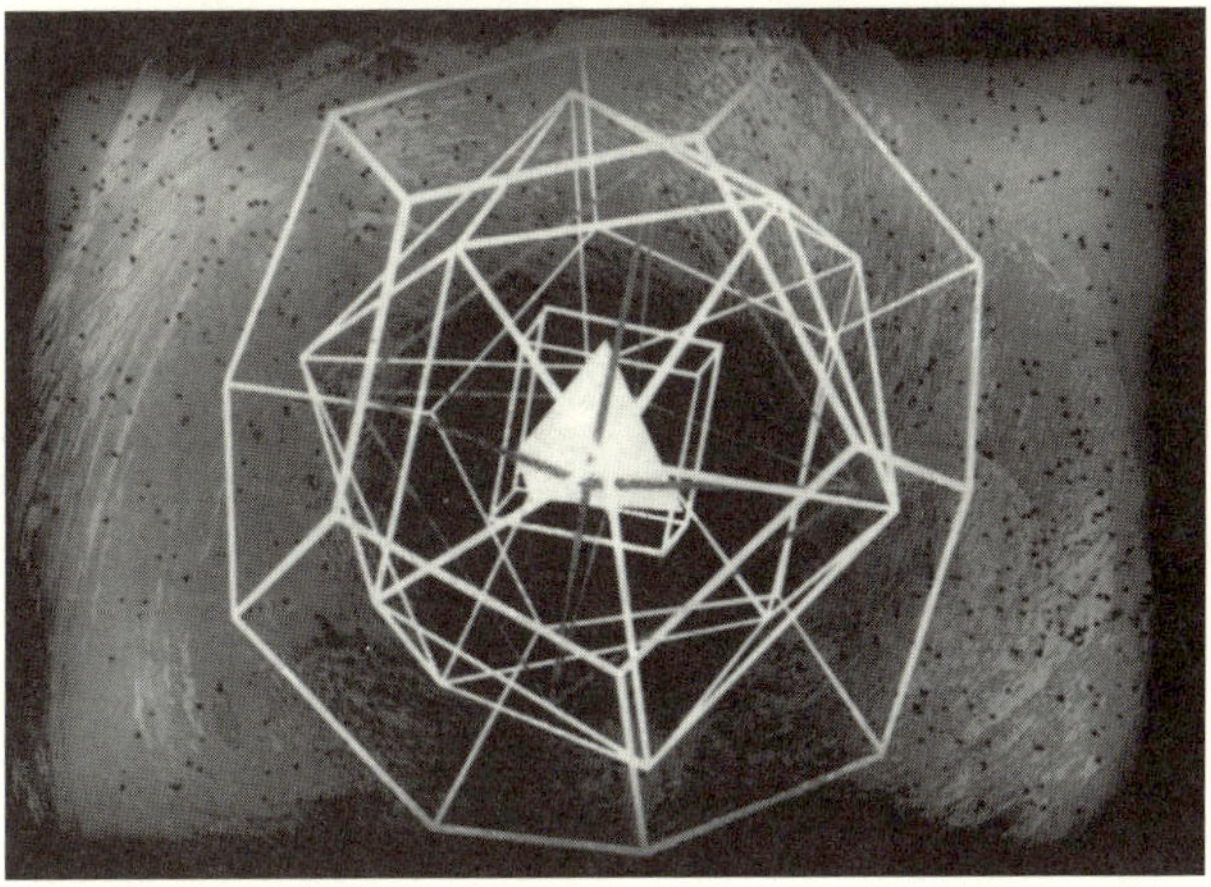

たま出版

まえがき

今回、私が『「気」驚異の進化』という最初の著作を全面的に改訂しようと考えたのには、いくつかの理由が挙げられます。

それは、『「気」驚異の進化』を出版してから六年、私ども生活活性研究所の取り扱う製品が、この間に大きく変わってきたからです。最初の本で取り上げた製品の大半は、大きく進化してきているのです。

それは、従来の製品それ自体が進化を要求し、バージョンアップした新製品を出さざるをえない状況が生まれてきたことに起因しています。

製品の進化に費やした六年という月日は、二十世紀と二十一世紀をまたぐ特別な期間でした。そのことと、製品の進化がスピードアップしてきたこととは無関係ではないでしょう。

私は、そこに強い「時代の要請」を感じています。この人類にとっての未知のエネルギー技術を、人類の危機的状況である今こそ大いに役立てろ、という天からの声ではないか、という気がしています。

二十世紀において、天才科学者F・A・メスメル、W・ライヒのあまりにも早すぎた研究成果は、不幸にして時代から受け入れられることはありませんでした。

メスメル、ライヒに限らず、二十世紀に輩出し、宇宙エネルギーの利用を構想した天才たちは、多くが不幸な受け入れられ方をしていたようです。しかし、そうした天才たちの苦闘の歴史があったからこそ、私の研究とその成果の受け入れられる素地ができたのだと思います。

私の他の著作や本書を読んでいただければおわかりになると思いますが、私は生きるか死ぬかという事故を経験して、この仕事を始めました。しかし、それまでは、波動や宇宙エネルギーに関して深く研究していたわけではありません。また、わが伴侶の実記《みき》がいなければ、今このように本を書いていることもなかったと、つくづく思います。

そして最も感謝したいことは、生死の境をさまよったあのガス事故です。あの事故がなければ今の私はありえなかったでしょう。

会社はこの六年間、目標に向かって突き進みながら、さらに私の事業に賛同し、協力していただいている方の応援の波動により発展しつつあります。

当初、妻と二人で始めた会社も、優秀な社員が増え、さらに外部スタッフとして多くの方々の応援、協力も得ています。

これらは、私だけの力で到底なしえるものではありません。このような陣容をいただいたということは、これからさらに世のため人のために働けという天の思《おぼ》し召《め》しであろうと思っています。

この六年間、私の考えは変わっていませんが、取り巻く環境は大いに変わってきています。

日々、ユーザーや愛読者の皆様からの問い合わせも多く、それは私にとって、ある意味で天の声でもあります。また疑問点や要望などが私のもとに届きます。それらの要望に応えようとして新しい製品が生まれ、疑問点によって様々なことを教えていただく。そのような皆様の声を推力にして、私や生活活性研究所は前進しているのです。そのことに、改めて感謝したいと思います。

大きな変化の時代。「意識の飛躍」というものが必要であると認識しています。

今世紀は何が飛び出すのかわからない時代となるでしょう。それは、無から有というより、現在あるものが、常識を破って一足飛びにどころか、百足飛びしてしまうような大進化が出現するかもしれません。

神々の世界かと思われていたものが現実化されることでしょう。

つまり、〝奇跡の連続〟という驚愕《きょうがく》の状況が、確実に今世紀中に訪れるでしょう。例えば、ペーパー型TV、テレポーテーション、ドライバー不要の車、薬を超えた食品、西洋・東洋医学を超えたエネルギー波動医学、それらはすべて、大きく変革された人間の意識が生み出すのです。

NHKの放映で話題になった「プロジェクトX」＝地上の星の物語＝不可能を可能にしてしまった物語、いや、実話です。これらは不可能と思われたことも、人間の意志と情熱と団結によって可能となる、ということを雄弁に語っているのではないでしょうか。

今、私たちに課せられているのは、大きな意識の変革でしょう。私は当初、この本を一作目の著書である『「気」驚異の進化』の改訂版ということで着手しました。ところが出来上がってみると、改訂版ではなく、まったく新しい本になってしまいました。

これは、いわば六年間の進化の報告といっていいと思いますが、それと同時に、自分の意識を変えたいと望んでいる人へのメッセージとして受け取っていただければ幸いです。

まだまだ拙《つたな》い点は多々あると思いますが、読者のみなさまのご指導ご鞭撻を要することは、前著と変わらないと思います。どうか、ご一読の上、ご感想、ご意見、ご要望等がございましたら、忌憚《きたん》のないところをお聞かせください。

平成十五年十月吉日

西海　惇

気波動 百花繚乱 **【目次】**

第三章　オルゴンエネルギーはこうして生まれた　65

第四章　「無限進化∞究極の波動器」にむけて　187

第五章　広がりゆく波動ヒーリング

第一章　闇深ければ、暁近し

私は一九九七年に出版した、最初の著作『「気」驚異の進化』で、「気の工業化」を提案しましたが、「気の波動器」も六年前に比べ、世の中の受け入れ方には隔世の感があります。人類が新しい世紀を迎えて新たな段階に入ったと考えるのは、私ひとりだけではないでしょう。

一九九九年七月、世紀末の大予言をめぐって自称精神世界通の一部の人々は大騒ぎをしました。地球という星の崩壊を恐れ、人類の終焉が目前に迫っていると危機感をあおったものです。幸いにしてノストラダムスの予言は、はずれたようです。それ以来、誰もそのことを口にしなくなりました。

私は笑われることを承知のうえで申し上げれば、ノストラダムスの予言は的中した、と思っています。予言以上のことになった、と言っても言い過ぎではないでしょう。

なぜなら、地球という星が人類とともに消えてなくなるのなら、それもよし。しかし、予言の真意は、実は地球の崩壊ではなく、この星に住む人類の精神の崩壊だったように思われるのです。神は無慈悲な方なのか、それとも人類の魂の再生を試みているのか、一気に清算せず精神的な苦しみを与え始めたようです。最近の悲惨な事件や蔓延《まんえん》した伝染病などの報道を見るにつけ、その感はさらに強くなります。

またいっそ崩壊が進むのであれば、全地球が消滅したほうがまだ救われるような気がします。たとえ私の家族の一人でも、半ば崩壊した地球にあって、生き地獄のなかで苦しむことは耐えがたいことです。もし、そうであれば、家族が共に消えることのほうが幸せだと思います。それは私の独りよがりの考えでしょうか？

毎日の新聞、ＴＶニュースは、人々の精神の荒廃ぶりがますますひどくなってきたことを伝えています。犯罪者は犯行をおかしたことを反省することもなく、ただ「運が悪かった」と嘆くだけ。箱のなかの腐ったミカンが周りを腐らせていくように、精神の崩壊は世界的に広がっています。

人類は、決定的な岐路に立っています。滅亡か飛躍的進化か、という大きな選択を迫られているのです。

私の実感として、人類の深い意識レベルにおいて確実に大きな変化が起こっていると思います。ほとんどの人が、まるで台風の目のなかにいるように、その劇的な変化を感じることができないでいます。しかし、間違いなく大きな変化のうねりはきているのです。

今、人類全体に起きていることは、その大きな変化の表面的な現れにしか過ぎません。その本質を見ないで変化の皮相な面にばかり目を奪われていると、ますます混乱を深めるばかりです。

しかし悪いことが起きている、人類はどんどん悪いほうに進んでいる、と現象面だけ見て絶望してはなりません。

今、起こっている現象のすべては、人類が新しい地球システムに移行するための準備段階ではないかという気がします。

私は、絶望的とも思える世界の現状を眺めながら、不謹慎かもしれませんが、実は未来への期待感を大いに感じているのです。

今の地球の状況、あるいは魂のおかれている状況は、人体に例えれば病気が快癒する前のメンケン反応（好転反応）と言ってもいい状態なのです。内部にたまった悪いもの、ウミがどんどん表に出ています。ウミを出し切れば、体は健康をとり戻すのです。

「闇深ければ暁近し」という言葉があります。漆黒の闇に覆われている人類の現状は、実は爆発的進化の舞台が開ける夜明け前なのではないかという予感、いや、そのような確信が私のなかにあるのです。

「気」宇宙エネルギーを生活に変換する

誰しも元気がない、気にする、気が合う、陽気、陰気など様々な場面で「気」を身近に感じ、使いこなしています。

私たちが感じている「気」は「宇宙エネルギー」でもあるといわれ、地球上の生物はもとより、宇宙に存在するすべてのもの、すべての事象に関係すると考えられています。

古くは古代インドの「プラーナ」についてもこのことはいえます。人間の健康に有益な宇宙エネルギーの存在は、その時代時代の生活に深く根をおろして人々を癒してきました。

私が開発した「オルゴンエネルギー」は、太古の時代から伝えられてきた宇宙エネルギーを現代の生活に適応させたものです。

真空のなかに潜んでいる宇宙エネルギーを取り出す方法としては「共振」・「共鳴」を利用するという方法が物理学者の間ではよく検討されているようです。

それは、音叉《おんさ》のように同じ振動数のものを引きつけ増幅させるという原理を利用したものので、その手段の一つとして特定の形態であるジオメトリー（幾何学模様）に宇宙エネルギーを共振させるという方法などが考えられています。

オルゴンエネルギーは、太古から受け継がれてきた「気」や「プラーナ」と呼ばれる純粋な宇宙のエネルギーであり、生命力のことです。これこそが真の「フリーエネルギー」なのです。

私の開発した「ポケット・プラーナ」は、基本的に銅、アルミの電位差でエネルギーを発生させるように製作しています。さらに、宇宙エネルギーが好んで「共振」・「共鳴」する形態であるメビウス巻きをコイルに応用し、水晶で発生エネルギーを微調整し、増幅させています。そのパワーには開発者としても目を見張るものがあります。

WHOも人間を霊的存在と認識？

今、人間に対する認識が大きく変わってきているような気がします。それは、「気」や「波動」、「宇宙エネルギー」という、今までならば精神世界の人間や、一部のオカルトマニアが興味をもっていたジャンルにスポットがあたってきているからです。

大きな変化をひとつ挙げれば、ＷＨＯ（世界保健機関）が、今世紀に入って健康の概念を書き換えるという方向に動いたということです。

従来のＷＨＯの健康の定義は、「健康とは身体的・精神的・社会的に十分満足すべき状態をいい、単に疾病や障害のないことではない」というものでした。これを「健康とは身体的・精神的・霊的・社会的に十分満足すべきダイナミックな状態をいい、単に疾病や障害のないことではない」というように書き換えようという動きがあったのです。

これは、国連の専門機関であるＷＨＯという世界機関が、人間は肉体的存在であると同時に霊的存在であることを認めようとした、ということがいえます。残念ながら承認するまでには至りませんでしたが、このような動きを医療や生命活動にかかわる世界の最高機関が検討したということは、画期的なことではないでしょうか？

こうした傾向は、「波動」や「気」、「宇宙エネルギー」という目に見えないものにまで、認識の光が当てられてきたというひとつの表れであると思います。

現にアメリカでは、西洋医学と東洋医学に加えて、代替療法のなかに「エネルギー医学」というジャンルが確立しつつあります。この考えの根底には、人間を「多次元のエネルギー的存在」（米・ウェイン州立大学　リチャード・バーガー医学博士）ととらえる巨視的な視点があります。

ガーバー博士は、アインシュタイン物理学の理論に立脚しながら「波動医学」を提唱していますが、このような理論の登場は時代の必然として受け取れるのです。

博士は、医療のなかに「波動（バイブレーション）」あるいは「エネルギー」という概念を持ち込んでいます。そして、人間というものの存在を、エネルギーや波動の変数としての周波数としてとらえています。

これは、私が提唱しているオルゴンエネルギー理論と軌《き》を一にするものです。

私が影響を受けた天才たち

宇宙エネルギーを科学的に証明しようと試みた天才的科学者たちが、過去において彗星のように現れました。

そのような先人のなかに、私の宇宙エネルギー理論を構築するうえで大きな影響を与えてくれた天才たちがいます。

当時、彼らが構築した理論は、異端の科学として相手にもされませんでした。

しかし、私にとって、彼らの残してくれた実験データや研究レポートが「オルゴンエネルギー」へつながる宇宙エネルギーを構築するうえでの光明だったのです。

私は彼らの残してくれた理論を有機的に結び付け、それを基に「西海式宇宙エネルギー製品」の数々を生み出すことに成功したのです。

ここでは「西海式宇宙エネルギー製品」の開発の基となった理論を残してくれた四人の天才科学者たちを、紹介したいと思います。

その天才科学者たちとは、F・A・メスメル、K・V・ライヘンバッハ、W・ライヒ、そして楢崎皐月《ならざきこうげつ》です。

宇宙に充満するエネルギーに着目したメスメル

フランツ・アントン・メスメルとは、動物磁気を唱えた科学者です。

一七四三年、オーストリアに生まれたメスメルは医師を志して大学の医学部に入学。一七六六年五月には医学博士の称号を取得しました。

メスメルは彼の論文のなかで「宇宙空間に充満している流動体があらゆる物質の内部に浸透し、神経系に直接作用を及ぼしている」と発表しています。

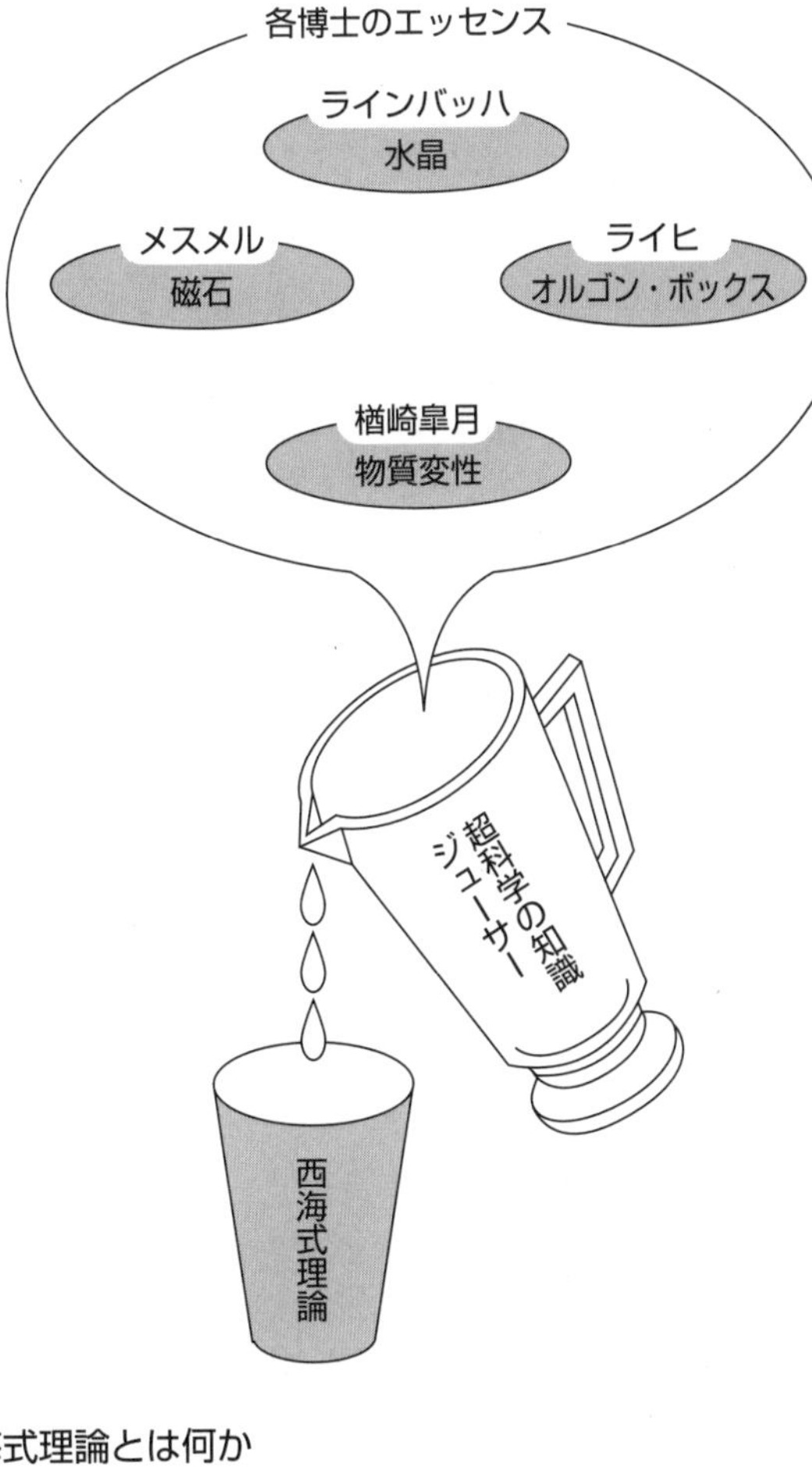
各博士のエッセンス
ラインバッハ
水晶
メスメル
磁石
ライヒ
オルゴン・ボックス
楢崎皐月
物質変性
超科学の知識ジューサー
西海式理論

西海式理論とは何か

彼は、この「宇宙空間に充満している流動体」の本質を「動物磁気」（または「動物電気」）と表現しました。

それは、生体エネルギーのことなのです。しかし、「宇宙空間に充満している」とあるように、単なる生体エネルギーではなく、宇宙と生命を有機的に結び付けているエネルギーとして考えていたのです。

彼はそのエネルギーを「動物磁気」と呼び治療の分野において広く活用しました。彼がこのエネルギーを広く活用できたように「動物磁気」は、とらえどころのない神秘的なものではなく、ある方法さえ使えば誰でも蓄えることができるものでした。

その方法とは、磁石を用いてエネルギーを誘導し集めることでした。

彼はこの原理を応用した治療法で、多くの患者を治療したと言われています。そして、この発見が彼の名を一時期、非常に高めたのです。

メスメルが磁石を使って治療を行うと、ほとんどの人が驚くほどの治癒効果を見せ、劇的な回復を見せていったのです。

このことは単に物理的な現象というだけではなく、少なからず彼自身もヒーラーとしてのすばらしい素質が備わっていたと考えられます。

事実、彼はその後の治療で磁石を使わなくとも、同じような癒しの治療を行うことができるようになっていました。

彼の名は次第に人々の知るところとなりましたが、また彼に対する風当たりも強いものになっていきました。彼は、当然のごとく医師仲間から冷たい視線にさらされ、異端者として中傷を受けることになりました。そしてついに彼は医学界から追放されてしまったのでした。

このような出来事が彼の名を後世においても「催眠術」とか「暗示術」の代名詞として使われることにつながったと思われます。

それでも、次第に彼の治療法は認められるようになり、ウィーンの複数の大学では「動物磁気」の講座まで設けられたといいます。

晩年のメスメルは、大学からの講義依頼をすべて断り、多くの患者のため治療に専念し続けたのでした。

オドパワーを発見したライヘンバッハ男爵

二人目はカール・フォン・ライヘンバッハ男爵です。

ライヘンバッハ男爵は、ヴェルテンベルグ王国シュツットガルト（現在はドイツ領）で生まれ、一九三〇年にパラフィン、三二年にはクレオソートという、いずれも重要な化学物質を発見した一流の科学者です。そして、オドと呼ばれるエネルギーの存在を発見しました。

ライヘンバッハ男爵の場合、メスメルとはまた違った方法で、このエネルギーの存在を発見するに至ったのでした。

彼はある種の感覚に敏感な者たちが、暗闇のなかで、結晶などの物質が独特な色の放射光を放っているのを感知できるという現象に興味をもち、これを自分の研究テーマとしたのでした。

彼は、感覚の鋭敏な人たちを『敏感者』と呼び、様々な実験を行いました。

ライヘンバッハ男爵の研究によると、敏感者は人類の約四分の一から約三分の一ほど存在し、彼らは「オド」を感知できるということです。

高度な敏感者は、水晶に対して数インチ、時には数フィートの距離から、この生きているかのような石から放射される、『何か』を感知することができたのです。ライヘンバッハは、この『何か』を未知の放射線「オド」または「オダイル」と呼んだのでした。

ライヒが発見した宇宙根源を動かす力

三人目は、オルゴンエネルギーの理論を研究したウィルヘルム・ライヒです。

ライヒは、オルゴンエネルギー理論の生みの親と言っても過言ではありません。

彼は一八五七年三月二十四日に、旧オーストリア帝国領のガスシア地方のドプルツィニカで生まれました。

ライヒもメスメルと同様に医学の道を志し、ウィーン大学の医学部に入学します。そして、一九二二年に医学博士の称号を取得しました。医師となったライヒは、当時オーストリアで絶大なる名声をほしいままにしていた精神分析医のフロイトに師事することになります。

ライヒはフロイトが唱えた、性的エネルギーに関する『リビドー論』という理論に心酔し、フロイトの弟子になりたいと願ったのです。ところが、ライヒはフロイトの患者に対する治療を見るうちに疑問を感じるようになりました。

フロイトの考えでは、神経症やヒステリーなどのいずれの症状も、性的な満足をともなう正常な性生活が欠如していることこそが原因だ、としていました。

しかしライヒは、患者にはもっと根深い心理的な問題があって、それを取り除かないことには本当の治療にはならないと考えたのでした。

ライヒが患者たちを事細かに観察すると、いずれも体の筋肉が硬直し、それは患者のもっている性格や気質と相関していることを発見したのです。そして、筋肉の緊張と性格は共通の根本原理「生体エネルギー」から発していると考えるようになりました。

彼は、筋肉の硬直は生体エネルギーが性的に表現されないことで、慢性的な緊張を起こしていると考えました。

患者の筋肉が硬直した状態を「筋肉の鎧《よろい》」と呼びますが、これは「性格の鎧」つまり、性的に抑圧された感情と密接なつながりがあると考えたのでした。

ライヒの唱える「生体エネルギー」の理論は、確かにフロイトの『リビドー論』が基になっていましたが、それは単に人間だけではなく、すべての生物、つまり有機体＝オルガニズムに対して普遍的なものでした。そして、抑圧された感情がオルガスムスによって発散できるという考えから、これを「オルゴンエネルギー」と命名したのです。

これが、心理学と生物学を融合させる概念となった「オルゴンエネルギー」理論のベースなのです。

悲しいことに、メスメルと同じように彼もまた当時のウィーン精神分析協会からは受け入れられませんでした。

そして、ライヒはフロイトとも反目してしまったために、彼の唱える理論は学会においてよけいに異端として不遇な扱いを受けることとなったのです。

ライヒはフロイトと袂《たもと》を分かったあとも、神経症を治す研究を続けました。彼は、自らの考えに従い、神経症の患者から「筋肉の鎧（性格の鎧）」を取り除くことを目的に治療を続けたのです。

彼は筋肉の硬直が、感情を抑制していると考えたので、患者に対して筋肉を緩《ゆる》めるマッサージを行ったり、彼が「ベジット・セラピー」と呼んでいた自律神経療法なども治療のなかに取り入れました。

彼は治療を行ううちに、筋肉の硬直を緩めるためには呼吸法が非常に大きな効果をあげること、そして患者の体を流れるオルゴンエネルギーは、体に沿って上下方向に巡っていることを発見しました。このことから、マッサージにおいてもオルゴンエネルギーの流れに沿って行うことが効果的であることも発見したのでした。

ライヒの考える「オルゴンエネルギー」は何かとよく似ていないでしょうか？　そうです、気功法の「気」ととてもよく似ているのです。

ライヒだけではなく、生体エネルギーに関して、他の研究者が発表した論文を見ても、やはり「気」と似かよった印象があります。

ただ、ライヒが他の研究者と違うところは、オルゴンエネルギーを神秘的なものとしてとらえるのではなく、誰でも測定可能な物理的エネルギーだと主張して、そのエネルギーの観察器までも製作したことにあるのです。

そして、ライヒが作ったこの観察器は、箱型の宇宙エネルギー蓄積器（集積器）だったのです。

物質変性法を編み出した楢崎皐月

私に大きな影響を与えた科学者の四人目は、楢崎皐月です。彼は物質変性法を編み出した天才です。

楢崎皐月は一八九九年五月九日に、山口県東萩に誕生しました。彼の名前の皐月は五月の皐月《さつき》にちなんでつけられたと言われています。また、彼の名前は「さつき」または「こうげつ」とも呼ばれています。

彼は子ども時代を北海道の札幌で過ごし、高校は仙台二高へ進学しました。しかし彼は高校を中退し、日本電子工業付属の電気学校で技術者としての道を歩み始めたのです。

彼はめきめきと頭角を現し、絶縁油の開発、福島県の相馬郡で亜炭から人造石油を作るプラント工場の設立を次々と実現していきました。

ところが、そのプラントがやっと実用段階に入ろうかというときに、当時の陸軍大臣、東条英機から要請を受け、昭和十八年に満州、吉林省河北に建設された陸軍製鉄技術試験場の所長として日本を離れることになったのです。

しかし志なかばで日本を離れた楢崎は、満州で人生を大きく左右する人物と出逢うのです。それは道教の老士、蘆有三《ろゆうざん》でした。楢崎は蘆から日本の超古代文明の秘密について聞く機会を得たのです。

また楢崎は、稼働させている製鉄所において不思議な現象に着目しました。それは、同じ原材料を用いても溶鉱炉の設置されている場所によって、鉄製品の出来に大きな違いがあるという事実です。楢崎が調べていくと、良質な鉄ができる溶鉱炉の周りの土に植えている植物は非常に良く育っているのです。反対に、出来の悪い鉄を産出する溶鉱炉の周りでは、植物も十分に生育していないのです。

この事実によって彼は「土地によって大地電流のパターンが違うこと、そのパターンの違いが土壌の質の違いになり、植物の成長に差が出る」という理論を導き出しました。彼はこれまでに学んだ風水的な考えに電磁気学的な理論を加え、風水の善し悪しを電気的な計測で行うことを可能にしたのでした。

彼はこの理論をさらに進めていきました。

植物に、人間が持っている脳波や心電図のような電気的変動を認め、この波形から人間を診るように植物を診断する方法を考えたのでした。そして、この方法を農地の改良や農作物の環境整備に実際に用いたりもしたのです。

楢崎はこの植物の波形を「植物波」と名付け、これを用いた農法を「植物波農法」と呼んでいました。

また、土壌が肥え、植物がよく成育する土地を「イヤシロチ」、反対に質が悪い土地を「ケガレチ」と名付けました。そして、驚いたことに、この「イヤシロチ」と「ケガレチ」という土地は植物だけではなく、人間の健康にも大きな影響を与えるということがわかりました。

楢崎はその後も研究を重ね、人体波健康法、物質変性法といった生体電位やその潜在的な力を研究し、さらに超古代文明の知識をまとめた「カタカムナ文献」や「古事記」などの古文書の解読にも精力的に打ち込むようになったのでした。

普遍的な力「宇宙エネルギー」の発見

少し長くなりますが、宇宙エネルギー理論にとって重要な話なので、もう少し続けます。

楢崎が解読したところによると、古代の日本人たちは直観力、すなわち「カン」を大変に重視していたようです。そして、その直観力によって、原子転換という現象が自然に起こっていることを知っていたというのです。

この「原子転換」とは、文字どおり原子が転換するということです。現代の科学ではこの現象を起こすためには核エネルギーのような途方もなく大きなエネルギーを使うことが必要だと言われています。ところが古代人は、そのようなとてつもない技術が自然界のなかにあることを知っていたのです。古代人は「原子転換」のことをモトロカエシ（三相還元）と呼んでいたそうです。

物質には、気相、液相、固相の三相があり、この三相の状能に「アマハヤミ」というものが突き抜けることで原子転換が起こるというのです。「アマハヤミ」とは、超光速粒子のことであり、それは宇宙エネルギーのことだと言われています。

原子転換は、私たち生物の生体内でも常温のもとで、常に行われているのです。私たち生物はこの作用によって不足したものや、あるいは余分にある元素を処理して、反対に必要な元素を体内に作り出しているということです。

植物や動物、微生物、さらには人体への電気的実験を行った研究のもとに、楢崎皐月は独特な理論を作りあげていきました。

しかし、楢崎が本当に明らかにしたかったことは、私たち人間という生命体を含めて、この地上に創造された万物は共通する普遍的な力に貫かれており、それによってすべてのものが生かされている、ということだったのです。

この普遍的な力こそが「宇宙エネルギー」にほかならないのです。

第二章　生死の境で出合ったオルゴンエネルギー

命もアイデアも宇宙からのプレゼント

あなたは毎日をただ漠然と過ごしてはいないでしょうか。私は、誰の人生にも奇跡は起こると思っています。しかし、ただ漠然と時間を過ごしていては何も起こりません。

私は、これまで生かされてきた時間のなかでリラックスすることの重要性を感じてきました。たとえ、今がどんな状況にあろうともリラックスすることはとても大事なことです。

これは、私の人生における大切な指針なのです。

しかし、人生の奇跡はリラックスだけでは起こりません。もしもあなたに奇跡が起こるとしたら、あなたのなかに野心、好奇心、リラックスがミックスされたときに、それは起こるのです。

「野心」は、自信を失った心を奮起させます。

「好奇心」は、知識を得る喜びを教えてくれます。

そして、「リラックス」することで深く自分を見つめ直すことができます。

たとえ、今がどんなに辛く、人生のどん底で喘《あえ》いでいようとも、そこでジッと立ちすくんではいけません。うつむかず、顔をあげて前を見て歩くことをやめなければ、少しずつ昇っていることに気がつくはずです。

どんなに寒く凍える冬の日が続こうとも、耐えて歩き続ければ、いつしか暖かな春が訪れていることに気がつきます。

一章で、四人の科学者の話をしましたが、彼らとて順風満帆《まんぱん》に人生を送れたわけではありません。彼らだけに限らず、世に成功者と言われている人の人生を見ても、つまづきのない人生がある人など、一人もいないといってよいのではないでしょうか。必ず過去のどこかで、絶望の底に落とされ、どうしようもないほど大きな壁に突き当たっているはずです。

昔の人はいいことを言いました。「陰極まりて、陽となる」という言葉です。

つまり、どん底は頂点にいるのと同じだということです。マイナスが極まればプラスに転化する、という人生の法則のようなものなのです。その極まった状態のときに、人はプラスに転化するための必要ないくつかの複合的要素に気がつくのでしょう。私にとって、その複合的要素が「野心」「好奇心」「リラックス」だったのです。

ただ、誤解のないように付け加えておくと、ここで言う「野心」とは、自己中心的で利己的なものではなく一つの目標設定です。野心は戦力、まさに「力」であり、人生の進路を見失ったときに気持ちを奮起させてくれる大きな活力のことです。

野心だけでは利己的に走りがちですが、さらに「好奇心」をもつことで、野心を実現させていくノウハウを身につけることができます。好奇心は情報をキャッチするアンテナです。常にアンテナをはり周りを観察することで、いち早く良いものをキャッチすることができるのです。

そしてやはり重要なことは「リラックス」です。リラックスすることで、人は単に心を穏やかにするだけでなく、深く自分を見つめて高ぶりや焦りを治めていく貴重な状態をつくることができます。体はもちろん、脳もリラックスすることで、今の自分に必要なものの見極めができ、プライドをもって再び進んでいくことができるのです。

このような複合的なものを成長させるのが、「環境（磁場）」ではないかと私は考えます。

多くの人が、私が開発する製品を見て、その開発の速さに驚き「製品開発の秘訣は何ですか?」とよく尋ねます。

秘訣は「自分の直感を信じること」ではないかと自分では思っています。私は、それまで気づかなかった道が見えたとき、否定しないで自分の直感を信じ、その道を突き進みます。そして、私が突き進んだあとから製品が形となって残っていくのです。

読者のなかにも「奇跡とまではいかなくても、人生を好転させたい」と思われている方が多くいらっしゃると思います。「大丈夫だ」と確信をもつことができれば、物事は好転していきます。運はコントロールすることが可能なのです。

私を蘇生させたガス事故

かくいう私も、どん底を見てきました。精神的な問題だけではなく、肉体的にも叩きのめされた時期があったのです。

そのときの私は、ガス事故の後遺症で、しばらくは電話の受話器も持てない有り様でした。

それでも、受話器を床においたまま床に転がるようにして仕事の電話を受けたのです。もちろん仕事は低迷し、食べることさえ満足にできない状態でした。

しかし、私はパンを買うより先に一冊の本を買いました。そのときの私に「みじめだ」と思う気持ちは、みじんもありませんでした。私には野心があったのです。遙か彼方《かなた》に、ほんの微かにでも光が見えれば、その明るい方向を見て進んでいったのです。

私にとって転機となったガス事故は、私自身の別の物語を生んでいくこととなりました。

当時、私は2DKのマンションに一人暮らしをしていました。

その夜は、残務整理の疲れからか寝室のガスストーブをつけたまま寝てしまったのです。いつもなら消して寝るはずのストーブのガス管に足を引っ掛けてしまい、管が外れ部屋にガスが漏れて充満してしまったのです。疲れてぐっすり眠っている私には気がつく術《すべ》もありませんでした。

ガスが充満した部屋で、半日以上眠り続けていたのです。普通であれば、そのまま永遠の眠りについてもおかしくない状態です。ところが、私はこの事故から数えて四日目に、病院の集中治療室のベッドの上で眼を覚ましました。丸三日間、昏睡《こんすい》状態に陥っていたことになります。

意識は戻っても、そのときは頭が朦朧《もうろう》として、わが身に何が起こったのかわかりませんでした。後で、事故を担当した刑事さんから話を聞いて背筋がゾッとしました。

事故の現場検証でわかったのは次のようなことでした。

私の部屋からガスが漏れていることを通報してくれたのは隣の人でした。隣の人は私の部屋の前を通ったときに「何となくガス臭いな」と思ったらしいのですが、そのときはあまり気にもとめなかったそうです。

そして数時間後、再び私の部屋の前を通ったときに強烈なガスの臭いがしていたので、あわてて消防署へ通報したそうです。

隣人の通報を受け、消防署の隊員が私の部屋に踏み込んだときは、ガスが漏れ始めてから実に十七、八時間もの時間が過ぎていたのです。その半日以上の間、私はガスの海のなかで昏々《こんこん》と眠り続けていたことになります。

これだけ長時間のあいだガスのなかにいたら、普通は生きていられません。私とてそれは同じです。救出されたとき、すでに意識はなく絶望的な状態だったのです。その事故を目撃した誰もが、私は助からないと思ったそうです。

一刻を争う状況のなか、今度は受け入れ可能な病院が見つからないという不幸が私を襲いました。救急車で三軒の病院をまわり、ようやく四軒目の病院で受け入れてもらったのです。そのときの私の心臓は、いつ止まるかわからないような状態で、かろうじて弱々しい鼓動を打っていたそうです。

事故から四日過ぎて意識を取り戻した私に、担当の刑事さんはため息混じりに、

「あなたは本当に運のいい人だ。あれだけ長い時間ガスのなかにいて、よく助かったものだ。ガス爆発を起こさなかったことも、不幸中の幸いでしたよ」と言っていました。

確かに不幸中の幸いかもしれませんが体調は最悪です。意識もかなり朦朧《もうろう》として、胸はムカムカした状態が続いていたのです。

意識が戻ると、担当の医師が私にいくつか質問をしました。

「あなたのお名前と生年月日を教えてください」

もちろん答えることはできました。ところが、なんでもない質問には頭が真っ白になってしまうのです。

「では、9引く8は、いくつですか?」

「……」

何でこんな子どもでもわかる質問をするんだ、と心のなかで思うのですが、答えようとしても頭は真っ白で、こんな簡単な計算がわからないのです。さらに医師は質問を続けます。

「それでは、3足す2は、いくつですか?」

「……」

答えられないのです。これには本当にショックでした。このとき、私は脳に重度な障害を起こしていたのです。

入院生活の間、様々な精密検査を受け、脳波の検査も受けました。その結果、私の体力はある程度の回復は期待できるものの、運動能力と脳機能の完全な回復の見込みはないだろう、というものでした。

私は情けなくて涙が止まりませんでした。病院内を歩くときも自分はまっすぐに歩いているつもりなのに、どうしても左へ左へと寄っていってしまうのです。

運動機能と脳に障害が残ってしまった私ですが、体力が回復すればいつまでも病院にいるわけにはいきません。しかし、退院はしてみたものの、体が思うように動きません。街なかに出れば信号待ちで止まっているつもりがかってに歩き出したり、何度も人にぶつかったりするのです。

しかし、まさにこの情けない時間が、古い自分が死んで新しい自分が生まれ出るときの陣痛の苦しみだったのです。

事故は、私にとって結果的に大きな転機となりました。

今思えばガス事故は、私に内在していた力が吹き出すスイッチだったのだと思えるのです。死ぬような目にあって生き返ってきたのですから、人生とは本当にわからないものです。

事故にあうまでの私は、経営コンサルタントとして、潜在意識を活用した企業向けのセミナーや営業マン向けのコンサルティングを行っていました。

潜在意識という言葉の響きから精神世界的なものと考えられがちですが、私が扱ってきたものは、基本的な経営理念をベースにしたものでした。特に不思議なエネルギーに触れるというものではなかったのです。

バイタルウェーブの前身となったエネルギー製品が私を変えた

当時の私は、精神世界や超能力などをまったく信じない現実主義者でした。そんな私が、事故をきっかけに精神世界に強く関心が向いていったのです。

とりわけ、現代医学でも治らない病気を治してしまうというエネルギー製品には強く惹かれました。私は早速、某メーカーが出している宇宙エネルギー製品を取り寄せて使ってみました。すると、自分でも驚くようなことが起こったのです。

ほとんど回復は絶望的といわれた脳障害の麻痺が、宇宙エネルギー製品を使い始めてわずか二週間程で、ほぼ完璧に治ってしまったのです。

これが、新しい私が生まれた瞬間でした。私はこの体験によって常識のくだらなさや、固定観念にとらわれることの愚かしさを、身をもって体験したのです。

この宇宙には常識を超えた、不可思議なエネルギーが満ち満ちているのではないかということが、体験を通して素直に信じられるようになっていったのです。

私が生きているこの世界には、はかりしれない深遠な世界が存在しています。それは私を取り巻く環境のなかだけではなく、私のなかにも存在するのです。

この事故をきっかけとして、私は宇宙エネルギー製品の開発に深くかかわることとなりました。

もう一つの転機、妻との出逢い

私が本書を書くに当たって、どうしてもお伝えしなくてはならないことに、妻との出逢いがあります。私がこの世に生まれてもう一つの転機となったのは、妻の実記《みき》との出逢いでした。

私は、実記との出逢いを最大の幸運だったと公言するのに、少しのためらいもありません。

当時の私は、すでに五十二歳という年齢を迎えていました。

齢五十を過ぎた私にとって、家庭の幸福というものを教えてくれたばかりでなく、よき仕事のパートナーでもあり、さらに、何といっても私に心の平安をもたらしてくれる存在でした。

実記は、宇宙エネルギーや精神世界のことをよく知っていました。彼女は、子どもの頃から不思議な世界に関心があり、精神世界関係の本を好んで愛読していたようです。たま出版から、私に最初の原稿の依頼があったとき、一番喜んでくれたのが実記でした。大手の出版社よりも、たま出版から本が出ることのほうが価値のあることをわかっていた彼女は、私以上に喜んでくれたのです。

では、実記と私との出逢いについてお話しましょう。

運命の遭遇

当時、実記はデパートに勤めていました。その通勤バスはタキオン製品の開発者であるオリオン・ユウセイ氏の事務所の前を通るルートのバスです。彼女はいつもバスの窓からその大きな看板を見ていたのです。

ある日、実記が帰宅すると、彼女の母親が持ち帰ったタウン誌がテーブルに置かれていました。タウン誌など興味のなかった実記でしたが、そのときに限って何気なく手にとり、パラパラと頁をめくったのでした。

フッと手を止めると、そこにはタキオンの小さな広告がありました。それはオリオン・ユウセイ氏の広告ではなく、私が出した広告だったのです。

以前から、タキオンに興味があった実記は、詳しい説明を聞きたいと思ったと言います。そして実記は、オリオン氏のもとへ行こうか私のもとへ行こうか迷い、紙にオリオン氏の名前と私の名前を書き、どちらに行くかアミダクジで決めることにしたそうです。その結果私のもとへやってきたのでした。

私はアミダクジに感謝しなければなりません。このアミダクジこそが、その後の私の運命を決めることになったのですから。

ご存じの方も多いと思いますが、タキオン製品の開発者はオリオン氏です。オリオン氏はずいぶん前から精神世界関係の雑誌にも紹介され、広告も数多く出していて、当時から彼はすでにメジャーな人だったのです。メジャーな人と無名の私、どう考えても私のほうが分が悪かったに違いないのです。

やがて、私のもとに問い合わせの葉書が二通届きました。広告に関する郵便物は、私が番頭と呼んでいる販売の責任者が管理をしていましたから、通常なら彼が全部チェックして自分のデスクの引き出しにしまうことになっていたのです。ところが、その日はたまたま、私がポストから郵便物を取り出したのです。

一通はMさん。もう一通は住所のほかは職業も年齢も電話番号も書いてありません。住所と名前の西海実記とだけ記されています。

「じっき？」

笑ってしまいますが、私はそのときミキとは読めませんでした。「じっき」では男か女かもわかりません。私はとりあえずカタログを送っておきました。

実記から電話があったのは、それから三週間ほどたった春まだ浅い頃のことでした。電話に出た番頭さんが、

「社長、今日、西海さんっていう女性が来ます。デパートの社員だと言ってましたけど、まあ冷やかしってところでしょうね。私、ちょっと今日は用事があるので、あとはよろしく頼みます」

売れそうな気配はないということでした。このときも、たまたま私が彼女の相手をすることになったのです。「西海」という名に記憶はありましたから「実記」というのは女性だったんだと納得していました。

約束の時間になり、若い女性が訪ねてきました。話を始めたとき、相手が女性だとタカをくった私は、後から冷や汗をかくことになるのでした。

彼女は、宇宙エネルギーの何たるかとか、宇宙エネルギー発生のメカニズムについて、ずいぶん突っ込んだ質問をしてくるのです。

彼女の質問は、私も知りたいと思うような内容であり、何とか答えてあげたかったのですが、私にはガス中毒の後遺症を克服した実体験しか話せることはなかったのです。

「私は専門的なことはさっぱりわからないんですよ。詳しい話を聞くなら、せっかく来て

いただいたんだけど、オリオン・ユウセイさんのところに行くほうがいいですね」

そう素直に言って、あっさりと白旗を揚げました。そしてさらに、

「それにしてもあなたはいろいろよく知っていますねえ。むしろ、私がお話をもっと聞きたいくらいですよ」

私は別におだてたのではなく、本心でそう思ったのです。

「とんでもない」

彼女は笑って、はにかみがちに首を振りました。その仕草が奥ゆかしく、私には新鮮でした。私がここまで打算なく「知らないんだ」と素直に話せたのは彼女が初めてでした。

「そもそも、私にはこのタキオンというのがわからない。タキオンというのは、宇宙エネルギーを製品化したときの、ただの商品のように思っていたんだけど、タキオンっていうものは実際にあるんだってねえ。タキオン粒子っていうんだってね」

恥ずかしながら、私の知識はこの程度のものだったのです。深野一幸氏の本を読んでも、空間にはエネルギー源の超微粒子が遍在しているという理屈がわかった程度で、タキオンについてはさっぱりわかっていなかったのです。

製品としては、私を事故の後遺症から立ち直らせてくれたのですから、すごい物だと思

っていました。だからといって、タキオンが製品のメカニズムにどう関係しているのか、そんな理論までは知らなくてもいいだろう、と思っていたのです。

実記は、私が「自分が救われたことでこの製品を普及しようと思った」というところに真実味を感じてくれたのでしょうか、優しく笑っていました。

「実際にあるかどうかは、まだわからないんですけどね」

と訂正して、彼女はこう続けました。

「本で読んだんですけどね、タキオンっていうのは、理論物理学の仮説なんです。光の速度よりも速い粒子だといわれています。普通の物質は光の速度を超えることはできないんですけど、タキオンは、これとは反対に、光の速さより遅くなることはできないそうです」

そして、さらに詳しく話を続けてくれました。

「タキオンという名前は、アメリカのファインバーグという物理学者が名づけたものなんです。宇宙エネルギー発生器のタキオンは商品名ですが、物理学でいうタキオン粒子が、このエネルギー発生器に関係しているかとなると、それは別問題でしょうね。このエネルギー発生器が宇宙エネルギーを発生していて、実際にヒーリングパワーがあるというなら、それはタキオンというより、たぶん気のエネルギーに関係しているんじゃないでしょうか」

「はあ……、なるほどね」

私はとりあえずうなずきます。何が「なるほどね」なのか、返す言葉のない私はそう言うしかなかったのです。

それにしても彼女の知識には大変感心しました。実記は、もっと話をしてくれたのでしたが、私の知識がそこまでなかったために、当時の会話で思い出せるのはこれだけです。ただ、目が点になり、「参りました」と舌を巻いた驚きだけは鮮やかに覚えています。

以来、私と実記のディスカッションの日々が続きました。これまで私が開発してきた西海式宇宙エネルギー発生器のベースになった、メスメルの動物磁気、ライヘンバッハのオドエネルギー、ライヒのオルゴンエネルギー、そして楢崎皐月の静電三法もみな実記と一緒に勉強したものです。

また、私は彼女なりの知識を辞書代わりに活用しています。もちろんぶつかり合うこともありますが、知識の引き出しということで、ありがたく重宝させてもらっているのです。

奇妙な相談

初対面のときに、彼女は妙な相談をしました。

「実は、うちのデパートで奇妙なことがたくさんあるんです……」

実記の話では、古いなじみのお客様が、こんなことを言ったというのです。

「○○さん、病気治ったのね」

「え？」

実記はギョッとして見返しました。

「さっき、そこまで案内してくれたんですよ」

お客様はそう言ったというのです。

でも、そんなはずはありません。その人の病気は治らず、とうに他界していたのですから。ところが、そのお客様から話を聞く前から実記自身も、売り場で妙な気配を感じていたのでした。そこにもってきて、お客様からの話。

「それだけなら問題はなかったんですが……」と断って実記は話を続けました。

「ほかの売り場の上司が、私の売り場に来ると不機嫌になるのです。にこやかだった人でも私の売り場に来ると、人が変わったようになるのです」

「偶然じゃないの？」

私は少し茶化したように言ってしまいました。それでも実記は、

「いいえ、そんなことはありません」と、顔がこわばったままで首を振ります。

毎日険悪な雰囲気が漂う売り場は、いるのがとても辛く、不快な思いで一日を過ごさねばならないと言うのです。そして、すがるように、

「どうしたらいいでしょう？」と、私の目を見つめるのです。

あれだけ詳しくタキオンを説明してくれた彼女も、こと幽霊には弱いようでした。

「どうしたらっていわれてもねえ……。私は霊能力者でも坊さんでもないしなあ……」

私もすっかり弱ってしまいました。私は幽霊など見たこともありませんでしたし、霊の存在自体を認めてもいなかったのです。

「どうしたらいいか」なんて、もちろん対処法など私が知るはずもありません。ただ私は、霊はともかく、彼女の職場の雰囲気を何とか改善してあげたいと思ったのです。そのとき、私の口から、

「とりあえず、このビーズを貼ってみたらどうだろう」

口から思わず出た言葉です。人の目につかないところにタキオン製品のビーズを貼ってみる、これは気休めかもしれませんが、なぜか私はそのように感じたのです。とりあえず彼女にエネルギー入りのビーズを二十粒ほど渡しました。

それから幾日も経たないうちに、実記がまた事務所にやって来ました。彼女は私が言ったようにビーズを人目につかないところに貼ったと言うのです。すると、驚いたことに雰囲気が良くなっていさかいがなくなったと言うのです。驚いたのは私のほうです。宇宙エネルギーにはそういう効果もあることを実記に教えられたのです。

そんな出来事が二人の距離を縮めたのです。それから、実記は私の事務所によく来るようになりました。私も彼女が来ることを心待ちにしていました。彼女が来る日には、落ち着かず、そわそわと窓から外ばかり覗くようになっていたのです。

私の夢は二人の夢

ちょうどその頃、私はある人から形の持っているパワーというものを教わりました。六

角形には特別の力があるらしいということでしたので、私は実記に、

「どうだろう、私と一緒に『六角堂』という会社をやらないか。その会社では日用雑貨をみんな六角形にして売りだそうと思っているんだけど」

するど実記は、

「ええ、いいわね。ぜひやりましょう」と、二つ返事で承知してくれたのです。私はもう有頂天です。

やがて私と実記は、だんだんと私生活のことも話すようになりました。彼女の姉妹のこと、父親はすでに亡くなり、母親との二人暮らしだということなど、私に話してくれたのです。

「結婚しようよ」

私は年甲斐もなく、心臓が口から飛び出しそうになりながら実記に言うと、実記はごく自然に、「はい」とうなずいてくれたのです。

ここまでの期間は、面談してわずか三週間のことでした。プロポーズから間もなく、彼女はデパートを辞めて、私のところに来たのでした。

彼女は勤務年数も長く、責任のあるポストにもついていました。それをいとも簡単に捨

てきたのです。

「退職して、これからどうするの？」と聞くと、

「ここを手伝うわ」と言うのです。

「手伝ってくれるのは嬉しいんだけど、給料なんて出せないよ」と心苦しい思いで言うと、

「大丈夫！　手伝いながらアルバイトでもして、自分のことは自分で何とかします。だから、私のことは心配しないでください」

実記はあっさりしたものでした。しかし、私も男です。実記はそうは言ってくれても、結婚相手が海のものとも山のものともわからないのでは、あまりに無責任です。そこで私は、月給五十万円で社員に誘われていること、タキオン製品の別のメーカーからは月に百万円の契約で来てくれないかという誘いがあることを打ち明けて、結婚するならこの二つのどちらかに雇われて安定した生活をしてもいいと話したのです。

しかし実記は、私と同じ夢を見ていてくれていたのです。「二人でやればなんとかなるわよ。ここで二人で夢をかなえていきましょう」と言ってくれました。私たちの夢は、決して夢物語ではなく、二人とも夢を現実にしていきたいという強いイメージを抱いていたのです。

第三章　オルゴンエネルギーはこうして生まれた

オルゴンエネルギーの誕生

「気」のエネルギーは、メスメルの唱えた「動物磁気」やライヒの「オルゴンエネルギー」、さらにはインドで古くから「プラーナ」と呼ばれるエネルギーなどと共通しているものだといわれています。呼び名が変わるのは、開発した科学者や研究者、民族によって異なるだけです。

私が頭のなかで思い浮かべているエネルギーは、既存の宇宙エネルギー発生理論にとらわれていたのではいけない、ということが漠然とわかっていました。そして、私独自のオルゴンエネルギー理論を構築したときに、西海式メビウスコイルが生まれたのです。

西海式メビウスコイルの試作は何日も何日も続きました。私はそれこそ手当たり次第にいろいろなものに銅線を巻きつけて、連日連夜、試行錯誤を繰り返しました。

ある日、実記が参考になりそうだと言って、専門書『フリーエネルギー技術開発の動向』（技術出版）という本を持ってきました。

「見て、面白いと思わない？　どんな装置にも磁石とコイルが使われているわよ」

それは、大きなヒントでした。

その結果、面白いことがわかってきたのです。巻かれる芯によってエネルギーの強さに強弱があるのです。エネルギーが一番強力なのは磁石でした。次に金属です。絶縁物質である紙やゴムは、もちろんエネルギーは弱いのですが、その反面、柔らかな波動になりました。

エネルギーが一番強力なのは磁石ですが、そのとき私が考えていたのは、ポケットなどに入れられる、ごく身近に身につけて携帯するためのものだったので、磁石に巻くわけにはいきませんでした。

日本では磁気ブレスレットやネックレスを始め、マットレスやベルトなど、磁石は無条件に体に良く、磁力が強ければ強いほど効果があると思われています。

しかし磁石が体に密着すると、肉体的に悪影響を及ぼすという考え方もあります。私もまた磁石を常時携帯することは、必ずしも体にいいとは限らないと思っているのです。

ある気功師の話によれば、「気の流れというのはとてもデリケートで、患部に適切に小さな粒磁石を貼ることで、即座に痛みや喘息の発作が治まることは確かですが、痛む患部にいたずらにベタベタと磁石を貼っても意味は無い」ということでした。

また、その気功師の話では、「反対にツボに消磁器を当てる治療法もあるくらいですから高ガウスのマットや磁気ブレスレットなどは、かえってその人本来の気の流れを乱すことになってしまうだけかもしれない」ということでした。私も彼の意見に同調するところは多くあります。

現に、日本では肩こりや腰痛によいとされているシール状の粒磁石も、アメリカでは許可されていません。体への影響を考えたとき、むやみに磁石を貼るのはやはり考えもののようです。

話が少しそれましたが、コイルに話を戻しましょう。

私があれこれとコイルの巻き方や芯になる素材を探しているとき、また新たな発見があったのです。

コイルの巻き方のほかに、コイルを巻き終えた銅線の先に長さ一センチほどのアルミ線をつなげ、それをクリスタルに接続すると、さらにパワーが増すことに気づいたのです。

私は、クリスタル球に穴を開け、そこに銅線とアルミ線を通してみました。

そこからまた試行錯誤です。結果、クリスタルを貫いた銅線とアルミ線を放射状に開き、それに銅片を巻き付けると、さらにパワーアップすることがわかりました。

こうして誕生した西海式メビウスコイルは、宇宙エネルギー発生装置の携帯用としては、私の知る限り最大のパワーをもつことになったのです。

この西海式メビウスコイルは、何度かのパワーアップを繰り返し、モデルチェンジされています。そして、今なお最高を求めてレベルアップし続けているのです。

西海式メビウスコイルはもちろん、これ以降、私たちが独自に宇宙エネルギー製品を開発するにあたっては、ライヒのオルゴンエネルギー理論に多くのヒントを得ています。

いつかはライヒの「オルゴンボックス」にあやかり、西海式の「オルゴンボックス」を開発したいと思っていた私は、このエネルギーを「オルゴンエネルギー」と呼ぶことに決めました。

宇宙エネルギーの実用化第一号 ポケット・プラーナ

オルゴンエネルギーを使った製品を開発していくうえで、私が心に念じていたことは、多くの人がオルゴンエネルギーを受けられるように、いつでもどこでもそのエネルギーの恩恵に預かれるようにしたい、ということでした。そして、まず始めに、携帯サイズの宇

宙エネルギー発生装置を開発しようと思ったのです
そうやって完成したのが「ポケット・プラーナ」でした。
これまでもオルゴンエネルギーを用いた製品をいくつも世に送り出してきましたが、そのなかでも多くの方に支持をいただいているのが「ポケット・プラーナ」です。この「ポケット・プラーナ」こそ、すべてのオルゴンエネルギー製品の原点となったものなのです。

ポケット・プラーナ

「ポケット・プラーナ」には、オルゴンエネルギーの本領であるヒーリングのほかに、「円滑化現象」という効果があります。
これはどういうことかというと、これを携帯する人の能力の向上はもちろんのこと、その人の意識（思惑）と同調したオルゴンエネルギーが、その人の環境に働きかけることによって、人間関係を中心とした環境（状況または場）がスムーズになるのです。

魔法のリング

さて、それを実際にどう製品化するかが問題でした。

まず探したのは、銅線を巻き付けてコイルを作るためのリングでした。それは、ポケットに入る程度の大きさが条件です。

リングなど簡単に見つけられただろうと思うかもしれません。ところが、現在使用しているリングは、そう簡単に見つかったわけでもありません。

だいたい、まったくの素人ですから、すべての部品の調達にさいして、どこに行けば手に入るのかさえわからなかったのです。これぞと思う材質や形状のリングにたどり着くまでには、多くの試行錯誤がありました。

ところが、いざ材料の調達に出掛けてみると、偶然にも、理想の品を手に入れることができるという奇跡に遭遇するのです。

ポケット・プラーナだけではなく、オルゴンエネルギー製品を世に出すには、様々なかたちで多くの助けがありました。そのなかでも、何が一番の助けになったかというと、偶然ほど力になってくれたものはありません。

それも、私が強く求めていたからこそ、そのような巡り合わせがあったと言えるのでしょうが、あまりにできすぎたグッドタイミングに、自分の頬っぺたをつねりたくなったのも一度や二度ではありませんでした。

具体的に話しましょう。

いまでこそ笑い話ですが、最初は水道の鉛管を考えたのです。直径がちょうどいいので、これを輪切りにすればいいだろうということで、実際に自分でスライスしてみました。しかし、さすがにこれは時間がかかり過ぎます。

とりあえず、金物の専門店で探せば何かいいものが見つかるかもしれないということで、実記と二人で探し回っても、ちょうどいい形状のものは見つかりません。

「ないわねえ……」

「ほかを当たるか」

この店はあきらめて帰ろうかと思ったとき、実記の足元で金属音をあげて転がったものがあります。何かを蹴ったようです。「あっ……」、と実記が反射的にそれを追いかけて、腰を屈めて拾い上げました。

「あら？……、ねえ。見て、これ」

実記は目を丸くして、それを私の鼻先に掲げます。

「おう、これはぴったりだ。これだよ、これ。こいつを探していたんだ」

それが最初の偶然でした。いそいそと、それをカウンターへ持っていきます。

「これと同じリングが欲しいんですが」

「あれ？　まだこんなものがあったんですか。どこにありました？」

店の担当者は、それを手に取ると、不思議そうに首を傾げました。

「棚にはなくて、床に落ちていたらしいんですけど。足で蹴ったのを拾ったんですよ」

「落ちてた？　これは、うちではもう四年前に廃却してるんですよ」

残念ながら、こんな答えが返ってきたのです。

「廃却ですか」

私たちは落胆を隠さずに言いました。

「ええ。メーカーで製造中止になったので、うちも四年前には全部棚から処分して、店頭から消えていますので、床に落ちてるというのも変な話なんですが」

「どうしても、これじゃないとダメなんです。注文したら作ってくれますかね？」

私は身を乗り出しました。

「数があれば作ってくれるかもしれませんが、数といってもですねぇ……」

担当者は気乗りしなさそうに答えました。それもそのはず。私たちが大量注文するメーカーには、とても見えなかったからでしょう。

「ある程度の数は出ます。どのくらいから作ってくれるものなんでしょうか」

「じゃあ、ちょっと聞いてみましょうか」

担当者がメーカーに電話を入れて尋ねてくれたところ、こういう回答が得られました。

「千個単位で注文がいただけるなら製造できるということです。型がまだ残っているそうですよ」

その一千個を注文するのに、私たちは何の躊躇もありませんでした。冷静に考えて、その数のぶんだけ、はたして製作できるのかどうかなどという計算もなく、ただ夢が現実に引き寄せられたという幸福感だけで決断していたのでした。たとえ、最低ロットが一万個であっても同じ決断をしたでしょう。

巾着も向こうからやってくる

「よかったわね、ちょうどいいものがあって」

実記は喜色満面でした。

「しかし、よく一個だけ転がっていたものだねぇ」

「棚にあるならわかるけど、四年も前に棚から消えてる商品なんだからね」

「しかし、それを蹴っ飛ばすっていうんだから」

「ほんと、ジャストミートよね」

「黄金の左足だな」

タクシーのなかでも、私たちはしばらく浮かれていました。幸先《さいさき》がいいというやつです。

「あとは、それを何に入れるかだな」

ポケット・プラーナの中身はできました。あとはそれを何に入れるか。つまり、商品としての外装になる入れ物を探していたのです。

しかしリングも見つかったので、とりあえず、その日は帰ることにしました。

タクシーが博多区に入った頃――。

「あれ、おかしいなあ……」

運転手さんが何やらブツブツ言いだしたかと思うと、急に減速して路肩に車が寄せられました。

「お客さん、すみません。どうも車の調子が悪いので、ちょっと停めますね」

昔から頻繁にタクシーを使っている私も、故障に出合ったのはこれが初めてでした。整備が万全のはずのタクシーが、故障とは珍しいこともあるものだと思いながら、路肩に停まった車の窓越しに外を見ると、「○○ケース」という看板が目にとまりました。

「おっ、ケース屋さんか……。もしかしたらあそこにあるかもしれないぞ。ちょっと覗いてみるか。運転手さん、ここで降りますわ」

運転手さんに助け舟を出すつもりもあって、そう言って車を降り、特に期待もせずに店を覗いてみました。ところがそこには、まるでどうぞ私を使ってくださいと言わんばかりの、おあつらえむきの袋があったのです。

それを思い出すとき、私はいつも月面に降り立った宇宙飛行士、アポロ15号のジム・アーウィンのエピソードを連想します――。

アーウィンは、後にジェネシス・ロック（創世記の岩）と呼ばれることになった岩石を地球に持ち帰っています。それは、太陽系が四十六億年前に一度に出来上がったという仮説を裏付ける一端となった、貴重な石でした。

採集した岩石のなかでも、それは特別のものだったのです。それは、まるで「私はここにいます。さあ取ってください」と語りかけているように見えた、とアーウィンは語っています。手にとってみると、キラキラと輝いて、なんともいえず美しかったそうです。

大袈裟にいうと、そのときのアーウィンの感動が私にもあったのです。

金色に輝くその小さな巾着に、試作のコイル本体を入れてみると、小さくも大きくもなく、まるで測ったかのようにピタリと収まりました。本当に、本体の寸法を測ったかのように。

「ほう……」

ポケット・プラーナの誕生です。

「私はここにいます。さあ取ってください」

かわいらしい巾着は、明らかにそう語っていました。特に加工することもなく、既製品のままで買い上げることができるというのは、大きな節約になります。

その巾着こそ、ポケット・プラーナの顔ともなっている、いまの入れ物なのです。無機質なオルゴンエネルギー発生装置に、温かみのある顔がつきました。入れ物をどんなものにしようかと思っていたところ、おあつらえ向きにピッタリのものが見つかったのです。

あの深野一幸氏も、初めてポケット・プラーナを手にされたときは、その「顔」を眺めて、

「いいお守りだなあ……」

と、目を細めておられました。

一晩で一〇〇個完売

さて、顔ができたポケット・プラーナの運命やいかに？

タキオン製品の代理店をしていた頃の私の部下に、宇宙エネルギーについては該博《がいはく》な知識を持っている人物がいました。ところが、彼は営業マンだけれども、販売能力はゼロに近かったのです。

私は、彼にポケット・プラーナ一〇〇個を与えて実験を試みてみました。いったい、ど

のくらいの期間で売れるものなのか、パイロット販売のつもりでした。彼がまあ一カ月で売りさばけたら、そこそこのヒット作になるのではないかと思っていたのです。

ところが、そのような私の思惑は見事に裏切られたのでした。なんと、その一〇〇個が、たったの一晩で完売してしまったのですから。

真夜中に彼から「朝、福岡を立ち、宮崎と熊本の販売店を回り、夜中の三時に完売しました！」とうれしそうな報告が入りました。

もっとも、販路を新規開拓するとか飛び込みとかではなく、当時の系列の販売店を回ったので、宇宙エネルギーについていちいち説明はいらず、いい製品さえあれば需要はあったのではありますが。しかし、それにしても、これまでの販売実績はゼロに近い男だったのですから、快挙といっていい出来事です。

実験どころか、その後はもう作るそばから売れていき、製作が間に合わないくらいに多忙になりました。

「癒しの扉」を開いて、私はそのエネルギーに浴しました。それは私だけのものではなく、万人に開かれるべき扉だったのです。それを目指した本人が、それを忘れていました。こんなヒット程度で、驚いてなどいられなかったのです。

ポケット・プラーナの不思議

ポケット・プラーナという製品は、まことに摩訶不思議な品物です。当初は、現在現れているような作用効果を期待して製作したものではありませんでした。もつ人が「気エネルギー」と共振・共鳴してくれればという期待感だけだったのです。

従って、宇宙エネルギー発生器として、身に付けていただければ、と思っていました。ところが、所有者から寄せられる、さまざまな超常現象的な体験談に驚かされることとなりました。体験報告は、主に五種類に分類されます。

①潜在能力の活性・開発の効果
②リラックス効果
③願望達成の効果
④波動効果
⑤暗示効果

その作用効果を理論的に分析してみると、次のようになります。

「宇宙エネルギー＝気」というエネルギーの特性には、精神面の鎮静化作用があり、それがリラックスを導き出します。リラックスすることによる瞑想的心理状態は、潜在意識を引き出します。また、リラックスすることが呼吸を深くし、丹田に作用します。そのため不動心がつき、事象の流れを冷静に判断でき、結果的に開運につながることになります。それは、ライヒ博士のいう「筋力の鎧」「性格の鎧」からの解放で、ヒーリングにつながるのではないでしょうか。

また、願望達成においては、目標が堅固であるほど、その効果が現れやすいということです。それは、ポケット・プラーナに、物事を推し進めるためのパワーがあるからです。つまり、目標を設定するのは所有者、それを後押しするのはポケット・プラーナであると、ご理解ください。もし、所有者が目標を見失えば、ポケット・プラーナは後押しをストップするか、まったく違う地点へ不時着するでしょう。意志を強くもち、己が意志を運転してください。

波動効果は、動物的感性いわゆる直観力を一番発揮させるのではないかと思います。直観力の強化、このことから私はポケット・プラーナを右脳活性器ではないかと思っています。また、ポケット・プラーナは、もつことによる暗示効果で、理論的な指導を受けたり学習をしなくても、本能的に身を護る護身道具として所有されているようです。効果の現れ方は即効的な場合と、数カ月以上を要する場合があります。なぜ、効果に時間差があるのでしょうか？　それは、気のもつ作用力が所有者の気波動に共振、共鳴するときの時間差ではないだろうかと思います。

また、「ヒツジ・ヤギ効果（シュマイドラー効果）」という法則があります。この法則は、アメリカの女性心理学者、ガートルード・シュマイドラー博士によって一九四九年に発見されました。これは、人間が真剣に一つのことを信じきると、物理的にも実際に信じたとおりのことが起こりやすくなるというものです。つまり、奇跡、超能力、超常現象を信じる人には、非常に高い確率で効果は現れているようです。古い格言で信じる者は救われるという言葉もあります。奇跡は誰にでも起こりうるというのが私の持論です。チャンスがあればポケット・プラーナの正体を探求してみたいものです。

※ヒツジ・ヤギ効果（シュマイドラー効果）の法則
科学一辺倒の現代社会において、超能力の存在を信じているグループ（ヒツジ）と、それを否定するグループ（ヤギ）がある。
それらグループのＥＳＰテストの実験結果を比較してみると、超能力、超常現象を信じているグループは、非常に高い確率で高得点を示すという現象。

それに反して、存在を信じていないグループは、まったく偶然的確率で示すより、はるかに低い確率を示すという現象。

アメリカの女性心理学者ガートルード・シュマイドラー博士によって一九四九年に発見されたものである。

別名、シュマイドラー効果といわれる所以である。

世界へ旅立つ子どもたち

ポケット・プラーナのおかげで、私たちの生活は一変しました。

「朝目覚めたら有名になっていた」というどこかの芸術家の言葉がありましたが、それ程、劇的でした。私たちがオルゴンエネルギーの海へどっぷりつかる、一大転機になったのです。

ポケット・プラーナは、製作したそばから出てゆきました。面白いのは、二十個製作すれば二十個、三十個製作すれば三十個、その日のうちに注文が入るのです。反対に在庫がなければ注文も来ないのです。

「この子ら、なんだか自分たちで、もらい手を捜しているんじゃないか……」と実記と話したものでした。

作るそばから出荷されるので、これは「人手を入れて大量生産してみたらどうか」というビジネスライクなアドバイスもいただきました。現実的に考えればそのとおりだと思います。当時はどんなに頑張っても、全工程を一人でやると一日二十個、最高でも二十五個の製作が限度でした。しかし、私たちは大量生産を考えるより、一品一品に、語りかけるように製作していかなければと考えていたのです。

それは、私たち夫婦の製作姿勢であり、暗黙の了解事でした。

このポケット・プラーナを、我が子同然と考える気持ちがそうさせたのでしょう。今ふり返り、この子たちの成長過程をみていくと、旧タイプに比べ、新タイプはかなり複雑になっています。

例えば、以前は最終部分を和紙でくるんでいたのに、現在は、銅、アルミを使用し、その電位差によるエネルギーで「気」をパワーアップしています。中心に配置されている水晶も穴あきを使用し、リングで発生したエネルギーを強力に集中させるため、リングから引っ張った銅線を水晶の中心部に直結しています。

さらに、霊障を緩和するために、特殊な方法でパワーアップした海香石を袋のなかに入れています。従って、以前に比べ製作効率は落ち、一日五個～七個の製作が限度となりました。

そして、この子どもたちは、今や社会主義圏を除いた世界の国々へ旅立っています。

さらに、この子どもたちを製作した喜びを感じるのは、ポケット・プラーナの生みの親を訪ねてくる、育ての親のうれしい体験を聞くときです。

ポケット・プラーナの体験談

この頁のお話は、実際の体験で、一切の脚色はありません。ただ、一般的な体験談としてはあまりにも特異的過ぎるので、笑い話として聞き流していただいて結構です。

①高速道路で、九死に一生を得た

（ガラス会社社長）

助手席に乗っていた私は、運転者に「そんなにスピードを出す必要はないよ。気をつけなさい」と注意しながら、ポケット・プラーナを左手に持って眺めていました。

そして、一瞬の空白の後、私は車から投げ出され、路上に横たわっていたのです。気を失っていたらしく、意識が戻って周りを見ると、車は事故を起こし、大破していました。

すでに高速警察隊が集まっていました。運転者は大怪我をしています。

高速警察隊が「助手席にも人がいたようだ」と騒いでいました。私が車のほうへ近づいていき「私が助手席のものです」というと、高速警察隊が「うわっ」と叫びました。ケガらしいケガのない私を見て、幽霊とでも思ったのでしょうか。非常にびっくりしていました。

事故を調べていた警察の方は、「こんな例は、いままで見たことも聞いたこともない」としきりに不思議がって、首をひねっているのでした。

（H市役所課長）

②入れ替わった車

車に乗っていた私たち三人は、ポケット・プラーナのヨモヤマ話で夢中になっていました。T字路から本道へ入った瞬間、前方から、かなりのスピードの車が目前に突っ込んできたのです。

私は「事故った！」と、言葉にならない声を上げていました。顔をあげると、前方にあるはずの車の姿がなく、振り返ると、くだんの車は後方にあるではありませんか。

道路の幅を考えれば、すれちがえるはずもなく、正面衝突していても当たり前の状況でした。その車が私たちの車を飛び越えない限り、ありえないことです。衝突の瞬間、いったい何が起こったのでしょうか？

③私より先にお見舞いに行っていた

（T市大学学生部長）

私は、家族の病気の連絡を受け、取るものも取りあえず、飛行機に乗って病人のもとへ急ぎました。面会時間を過ぎていたため、その夜は、病院の近くのホテルに宿を取りました。ベッドに入るとき、病気回復の祈願をして、ポケット・プラーナをテーブルの上に置き、寝入りました。

翌朝、目覚めたときに、テーブルの上にあるはずのポケット・プラーナが見つかりません。部屋中どこを探しても見つからず、ホテルのボーイさんと探しまわりました。面会時間もせまっていたので、探すのを諦めて病人を見舞いに行きました。

そこで、驚いたことに、病人の枕の下から、見覚えのある紐が見えたのです。手に取ってみると、ホテルで探し回った私のポケット・プラーナだったのです。おかげで病人は元気になりました。しかし、どうやってポケット・プラーナが病室にやってきたのか、いまだにわかりません。これはまさしくテレポーテーション現象だったのでしょうか？

（元会社役員）

④反社会的な会社が自然解散に

反社会なビジネスとは知りながら、私は二十数名の営業員とともに必死に営業活動をしていました。私たちの頑張りで、営業成績はうなぎ登りに上がっていました。

ある日、知人から、ポケット・プラーナのパワーを紹介され、早速、人数分だけを購入しました。さらに営業成績を上げることをもくろんで、全営業員に配りました。

ところが、それから二、三日後、離職者が続出してきたのです。離職理由を尋ねると、誰もが口を揃えて「反社会的だから」と言うのです。結局、自然解散の状態に追い込まれ、私も離職しました。こうなってみても、気分的にサバサバしているのが不思議です。

⑤見た目の美人からハート美人へ

私は、自分で言うのもなんですが、どちらかというと美人の部類だと思っていました。でも、どういうわけか、異性運が悪く、恋人ができませんでした。自信を持って臨んだお見合いも、先方から断られる始末です。

母が知人からポケット・プラーナを紹介されて、父母と私の分を三個購入しました。それ以来、それまであまりなかった家族の会話も多くなり、家のなかで笑いが絶えなくなりました。また、友人が異性を紹介してくれるとき、今までは「美人でしょう」という言葉が付きもので、自分でもその言葉にうぬぼれていました。

ところが最近では、友人の紹介の言葉が、「優しい人よ」「明るい人でしょう」と、外見ではなく、私の人間性に触れる言葉に変わってきたのです。そのおかげか、今では、とても素敵な恋人ができました。

（家事手伝い）

⑥ヤクザの私にも効果が出た

（某組員）

私は雑誌でポケット・プラーナのことを知り、早速購入しました。購入してから三日目の夜、傷害事件に巻き込まれ、警察の留置所のお世話になることになりました。

実はその事件のとき、流れ弾が飛んできて私の胸に命中したのです。ところが、運良く胸に入れていたポケット・プラーナに弾があたり、九死に一生を得ました。

普通、留置所に入るときは、すべて持ち物は留置所預かりとなるのですが、担当刑事さんがポケット・プラーナを手にとって、「特別に所持を許可する」と、留置所に持って入ることを許されました。

そしてポケット・プラーナのおかげか、私が加害者ではなく、近くにいただけということがわかり、早々と無罪放免になりました。


（治療家）

⑦神様のお告げ――

西海氏の著書を読んで、ポケット・プラーナとマルチ・プラーナを購入しました。使用する前に神棚に上げ、かなり奥のほうに置いておきました。

翌日は、楽しみにしていた町内老人旅行会なので、ワクワクする思いで床につきました。

ところがその夜、地震もなく、特に何かの振動があったわけでもないのに、ポケット・プラーナが神棚から落ちてきたのです。

しかも、神棚からそのまま落下すれば、下に寝ていた私の顔に落ちて当然なのですが、少しズレて、私の顔の横に落ちました。何だか嫌な予感に襲われ、あれほど楽しみにしていた旅行会をキャンセルしました。

その旅行会でバスは大事故を起こし、死者まで出るほどの大惨事となってしまいました。知っている人が事故に遭ってしまったので、非常につらい気持ちですが、命拾いさせてもらったことに大変感謝しています。


（会社員）

⑧笑いの少ない家に笑いが溢れる

私の家庭は笑いが少なく、家の雰囲気がとても暗いのです。

どうしてだろうと西海先生に相談したところ、「たぶん、奥さんのお母さんも笑いが少なかったはずですよ」と指摘されました。確かに、義母の笑った顔はほとんど見たことはありませんでした。

妻の笑いが少ないのは奥ゆかしいためかと思っていましたが、思い返せば娘が生まれたときも、笑ったり、あやしている光景があまりありませんでした。西海先生は、それも言い当てました。

あるとき、妻を西海先生のセミナーに誘いました。妻は家庭の要、要が変われば家庭は変わるとの西海先生のアドバイスをいただきました。私はポケット・プラーナを三個購入し、各々がもつようにしたのです。

数日後、夕食のとき、私のくしゃみがおかしいと妻が笑いました。妻が笑うようになってから、娘も良く笑うようになりました。

⑨大学院にトップの成績で合格しました（大学院生）

私は大学に入ってから、家にはまったく頼っていなかったため、バイト、バイトの毎日で、学費を稼ぐのに必死でした。しかし四年になって、どうしても大学院に進みたいと思い担当教授に申し出ると、「今の君の成績では到底無理だよ」と言われてしまいました。

確かに十分勉強する時間も持てないような状態でしたので、自分の実力試しのつもりで試験を受けてみることにしました。

大学院の試験の日、お守り代わりにポケット・プラーナを持っていきました。そして結果発表の日、なんとトップの成績で合格したのです。無理だと言った担当教授から「いつもバイトばかりしている君がどうしてトップになるほど勉強できたんだい？」と聞かれました。しかし、私は、試験のときにポケット・プラーナを持っていたことをどう説明したらいいのか、わかりませんでした。

※プライバシー保護のため、体験談のお名前は、イニシャルまたは無記名とさせていただきます。
※体験談はご本人の感想であり、結果には個人差があります。

無限の力をもつ不思議な箱　N式オルゴンボックス

「N式オルゴンボックス」は、一章で紹介した四博士の理論をベースとして、西海式メビウスコイルを合体し完成させたものです。

ライヒのオルゴンボックスは、正式名称は「オルゴンエネルギー・アキュムレーター」

といいます。現物を見たことはありませんが、写真で見る限り、家庭用のサウナくらいの大きさで、ここに人を入れて、神経症患者やガン患者の治療を試みていたようです。構造は、それほど複雑な物でなく、単純に金属と非金属のパネルを六層に重ねて作られた箱だったようです。

ただし、箱の外側は必ず非金属で、内側の最終部分は必ず金属が剥き出しにされていなければなりませんでした。

—余談ですが、もしライヒの霊に接触することがあれば質問してみたいものです。

「何に触発されて、オルゴンボックスを作られたのですか?」

「あなたがアインシュタインに相談されたとき、アインシュタインからは返答がなかったと本に書かれていましたが、それは本当ですか?」

もしも、ライヒという偉大な物理学者がオルゴンボックスを残していなかったら、私は西海式オルゴンボックスを製作することはなかったろうと思います。

ライヒの物まねから入って、気がついたら独自のものを開発していたのです。ライヒあっての西海式エネルギー発生装置ということで、この偉大なる先達に敬意を表して「オルゴン」という名を冠しているしだいです。

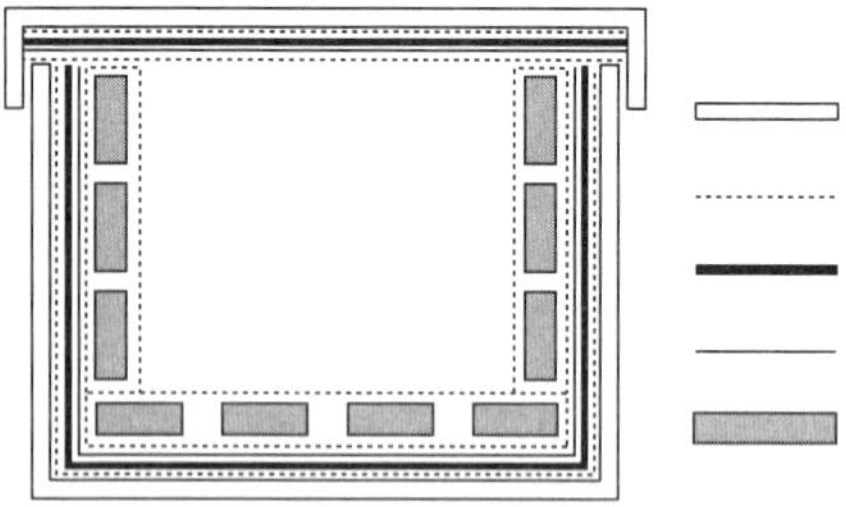

N式オルゴンボックス断面図

残念なことに、ライヒはその後、ＦＤＡ（アメリカ食品医薬局）の法に触れ、投獄されました。彼は獄死してしまうのですが、その後、心ある学者・研究者によってライヒの遺志は継がれ、オルゴンエネルギーの実験と実用化への試行錯誤は続けられていったのですが、実現は難しかったようです。

西海式オルゴンボックスは、世界で初めてオルゴンエネルギーを実用化できたものだと自負しております。

西海式は上図で見ておわかりのように、外側が非金属で、内側は異金属の三層構造になっています。N式メビウスコイルによる高磁場発生素子が組み込まれています。最終的に鏡面ステンレスを使用していて、一見すると奇妙な高級茶箱のようです。

このN式オルゴンボックスのなかに手を入れてみた方の感想は、三通りに分かれます。

電気的なビリビリとした刺激を感じる方。温かさを感じる方。涼しい風を感じる方。それは、それぞれの方の感性の違いではないかと思われます。

感想は異なりますが、皆さん最後に口を揃えて「このボックスのなかに寝てみたい」と言われます。

なぜなのか尋ねると、それぞれの願望をあげられるのです。

「難病が治りそう」

「若返りそう」

「運が開けそう」

私は、いずれの願望も全て叶えられると思っています。

そのような皆さんの願望を聞くにつけ、このボックスのなかのエネルギーをもっと強くする方法はないものだろうか、と考えました。

熊本の女性が気になることを言っていました。

「ポケット・プラーナを振るとエネルギーが強くなる」と言うのです。

かつて、波動水の実験をしていて、失敗したことがありました。それは、タンクを三十個並べて実験していたときのことです。タンクの一部に振動を与えてしまったために、実験を中止せざるをえなかったのです。しかし、失敗したと思っていたところ、調べてみると、振動を与えた水は他の水に比べ波動水になるのが早かったということがわかりました。これが重大なヒントになったのです。

ポイントは、「振る」、「振動」、「ボックスのなかのエネルギーのみを動かす、つまり空気をかき混ぜる」。

これらのキーワードを頭のなかにインプットしておいたら、ある日、ポンと答えがうかんだのでした。

答えは光と音楽でした。光は点滅がいい、音楽は重低音がいい。著名なジャズメンのアートブレーキーの音楽も有効でしたが、最も良かったのは「和太鼓」でした。

あれこれと色々な実験、試作を繰り返してゆくなかで、ボックスのなかに組み込まれた高磁場発生素子のエネルギーは無限であることに気づき、そのエネルギーを多面的に利用することを考えました。

①ボックスのなかに組み込まれた高磁場発生素子のエネルギーを、ボックス内だけに限定するのではなく、外に誘導する。エネルギーの流れは水の流れに似て、高いほうから低いほうへ流れる。ボックス内の五十個の素子と放射物質を接続すれば、高いほう

（内側）から低いほうへ（外側）必ず流れる。実験は成功でした。オルゴンボックスを置いておくだけで、室内の空気が一変しました。オルゴンエネルギーが室内にも流れ出したのです。

②そうした実験の傍ら、私はヒーリングマシーンの試作中でした。そのマシーンはレーザーポインターを利用するものでした。そのレーザーポインターを①のオルゴンボックスと接続してみると、試作中のレーザーポインターの比ではない強烈な気を感じました。現在はＬＥＤポインターも開発しているので、ＬＥＤポインターでも可能です。オルゴンボックスのオーナーの家族のなかに体不調者がいらっしゃれば、このレーザーを体不調部分に照射することによって、不快部分を消すことができるのです。

物性の進化

Ｎ式オルゴンボックスに目的の物品を入れることによって、あらゆる物品のエネルギーを高め、進化させます。ボックス内に組み込まれた高磁場発生素子から、高波動が発生します。その波動が、なかに入れられた物品を共振・共鳴して高波動化するというわけです。

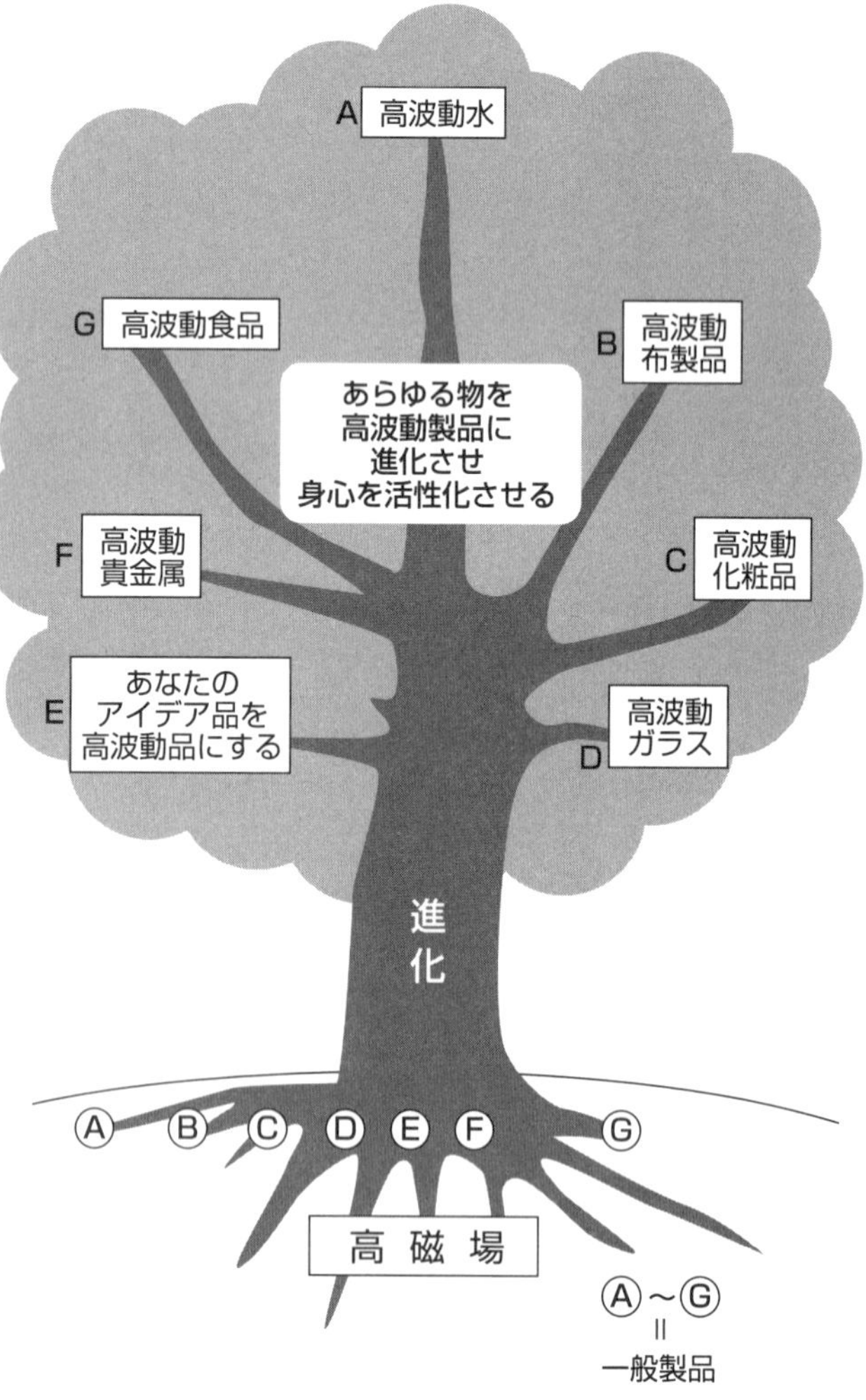

N式オルゴンボックスによる物性の変化

こうしてボックス内で、一定期間、共振・共鳴された物品は、常識では考えられないほどの効果をもたらす高波動物品に生まれ変わるのです。

ボックスに入れていたガラス玉やおはじきが、水を美味しくしたり、風呂の湯をまろやかにします。おはじきを体不調部分につけておくと、短時間で不快部分が解消される効果があります。また、安いお酒をマイルドで良質のお酒に変化させてくれます。そして、家族のための健康波動衣料品ができたり、化粧品にいたっては、なかに置くだけで品質をグレードアップさせてしまいます。

波動食器、波動水、波動貴金属、波動衣料、アイデア次第で、ビッグビジネスのチャンスもあり得るでしょう。私はこれらの現象を「進化」と呼んでいます。このように、ありとあらゆる物質を進化させグレードアップさせるのが、N式オルゴンボックスの特性なのです。

N式オルゴンボックスの取り扱い方

このN式オルゴンボックスは電源不要なので、故障の心配がなく、半永久的に使えます

（ただし、水気に注意して、上下さかさまに使用しないこと）。

基本的な使い方は、ボックス内に進化させたい物品を一定期間入れておくだけで、宇宙エネルギー（気波動）がチャージされます。このように、高波動化したいと希望される物品を二〜四十日程入れておくだけで、高波動物品が出来上がるのです。

外見はまったく変わりませんが、高波動化した物品は質的にハイレベルになり、様々な現象を起こします。アイデア次第では、既成の物品を高波動化したオリジナルブランド製品を作ることが可能ですから、誰でも新しいビジネスを立ち上げることができます。
※共振共鳴されやすい物品
水、クリスタル、貴金属、布（木綿、ウール、絹）、陶器。
※高波動製品が出来上がる期間
二〜二十日（ただし、合成繊維は四十日間）。
※ボックスの蓋は、一日一時間くらいであれば、開けても製品作りにはさほど影響ありません。

N式オルゴンボックスの主な利用法

①高波動製品作り
②屋内のエネルギーアップ
③自宅または施術院でのヒーリング
④遠隔ヒーリング
⑤気功の訓練等

N式オルゴンボックス体験談

①ワクワク、ドキドキ。八十代老夫婦の若返りの秘訣

（T・Oさん　八十五歳　男性）

私たち夫婦は、家庭用オルゴンボックスを購入して、毎日興味津々で使用しております。
二人とも八十歳をとうに越え、人並み以上に長生きもしたことですので、いつお迎えが来

てもしようがないと観念しておりました。しかし、『「気」驚異の進化』でオルゴンボックスのことを知り、また西海氏からいろいろなお話をうかがうようになって、「まだまだ観念などしてならじ」というような心境に変化いたしました。

特に生活で不便を感じているわけでもありませんが、好奇心とでもいうのでしょうか、いろいろな物をオルゴンボックスに入れて試したりしているうちに健康面に良い変化があり、大変驚いております。私も家内も、この不思議なボックスが来てから特に元気になり、ご近所の方も驚いているくらいです。

二十一世紀の花形になるに違いない波動の発生装置を間近で見ることができて、しかも実際に使うことができて嬉しくて仕方ありません。ボックスの蓋を開ける瞬間は、まるで玉手箱を開けるみたいにワクワク、ドキドキで、こんな気持ちが私たちを若返らせてくれているのかもしれません。

健康で、なおかつワクワクすることは長生きの秘訣です。それを叶えるのが、オルゴンボックスではないでしょうか。

②魔法の木箱オルゴンボックス

（Ｋ・Ｋさん　四十四歳　女性）


西海先生の著書『波動物語』を新聞で知り、早速ブックサービスに注文しました。その日の夕方、主人の帰りが遅かったので、その理由を尋ねました。帰りに本屋に寄ってきたということで、カバンから一冊の本を取り出しました。その本というのが、私が新聞で見て注文した本だったのです。二人で大笑いでした。

すぐに一読して、カタログを取り寄せ、オルゴンボックスのプライベート用を注文しました。ところが手違いでＤＸ型が送られてきたのです。その旨連絡しますと、田中課長のご配慮で、Ｓ型の価格でＤＸ型を手にすることができたのです。とてもラッキーでした。

幸先がいいこともあって、期待に胸をふくらませてボックスに夫婦の下着、化粧品、クリスタル類を詰め込みました。その日の夜は、湯上りの後、ＤＸ型についているレーザーポインターで夫婦互いにヒーリング。翌日、主人は体が軽いとニコニコ、私は化粧のノリがとてもいいのでうれしくなってしまいました。

それから一カ月後、私の気にしていたイボとシミが消えてなくなってしまったのです。主人は、自家製の波動酒を作って、味がマイルドになったと大喜び。オルゴンボックスで気波動を転写したクリスタルの花瓶は、部屋の空気を心地よくしてくれています。

③私のオルゴンボックス体験談

（M・Tさん　六十八歳　男性）

ある大手通信販売会社の紹介で、西海氏を知りました。「物性を進化させる」という奇妙なエネルギー・ボックスがあるということで、早速、福岡の西海氏をお訪ねしました。

オルゴンボックスは五種類ありましたが、西海氏の推薦でそのうちのひとつを購入しました。説明をうかがいながら、ボックスの内側をのぞいているうちに、とても不思議な体験をしました。大阪から新幹線に乗って事務所に到着するまで、鼻水が止まらずに困っていたのですが、ボックスをのぞいているうちにピタリと鼻水が止まったのです。オルゴンエネルギーの不思議なパワーのおかげと言うしかありません。

数日後、わが家に着いたオルゴンボックスのなかは、家族の下着やクリスタル製品でいっぱいになりました。

私は純金製のメダルを入れました。二十日ほどして取り出してみると、メダルはドッシリとした重みのある色に変わり、妻の大粒のパールは、高級黒真珠の様な上品なグレーに変わっていたのです。

妻は、「世界にひとつだけのパール」と自慢げでした。

私たち夫婦にとって、オルゴンボックスはまさにミステリーボックスです。
西海さん、ありがとう!!

④書棚風オルゴンボックスはとても使いやすい

（R・Yさん　六十八歳　女性）

私は美容室のオーナーです。西海氏とは、「波動」を通じて八年間のお付き合いです。西海社長にセミナーの要請をしてからは、二カ月に一度のペースで、もう六年間も続けていただいております。

西海社長と出会うまで、他の様々な波動製品の関係者と会いました。波動の理論や具体的な製品の内部構造について尋ねると、どなたも企業秘密とやらで口を閉ざすばかりでした。ところが西海社長は、まったくザックバランな方で、「そこまで話していいのかしら」と、こちらが心配になるようなことまで、事細かにお話してくださるのです。製品に対するゆるぎない自信をお持ちだからなのでしょうか。

「これは本物だ」ということで、すぐにN式オルゴンボックスを購入いたしました。

最近、ある年配の方から「オルゴンボックスの蓋が重いので扱いづらい」との意見をいただきました。すぐに西海社長に「なんとか軽量で扱いやすいオルゴンボックスを製作していただけないでしょうか」と申し出たところ、快く引き受けてくださいました。

出来上がりを見せていただくと、力を入れなくても手軽に扱える観音開きで、書棚風オルゴンボックスの新登場でした。それはもう、おしゃれで、ショーケース代わりにも使えそうです。半永久的なオルゴンボックスを、このような形で利用できるなんて、とてもすばらしいことだと感激しています（現在のN式オルゴンボックスは、中型以上は片手でも簡単に開閉できるスローダウン方式になっています）。

※プライバシー保護のため、体験談のお名前は、イニシャルまたは無記名とさせていただきます。
※体験談はご本人の感想であり、結果には個人差があります。

Ｄｒ・オルゴンＯＢ型の原型
（Ｄｒ・オルゴン21・Ｓ型）ができるまで

この新製品「Ｄｒ《ドクター》・オルゴンＯＢ型」の原型は、六年前『「気」驚異の進化』のなかで発

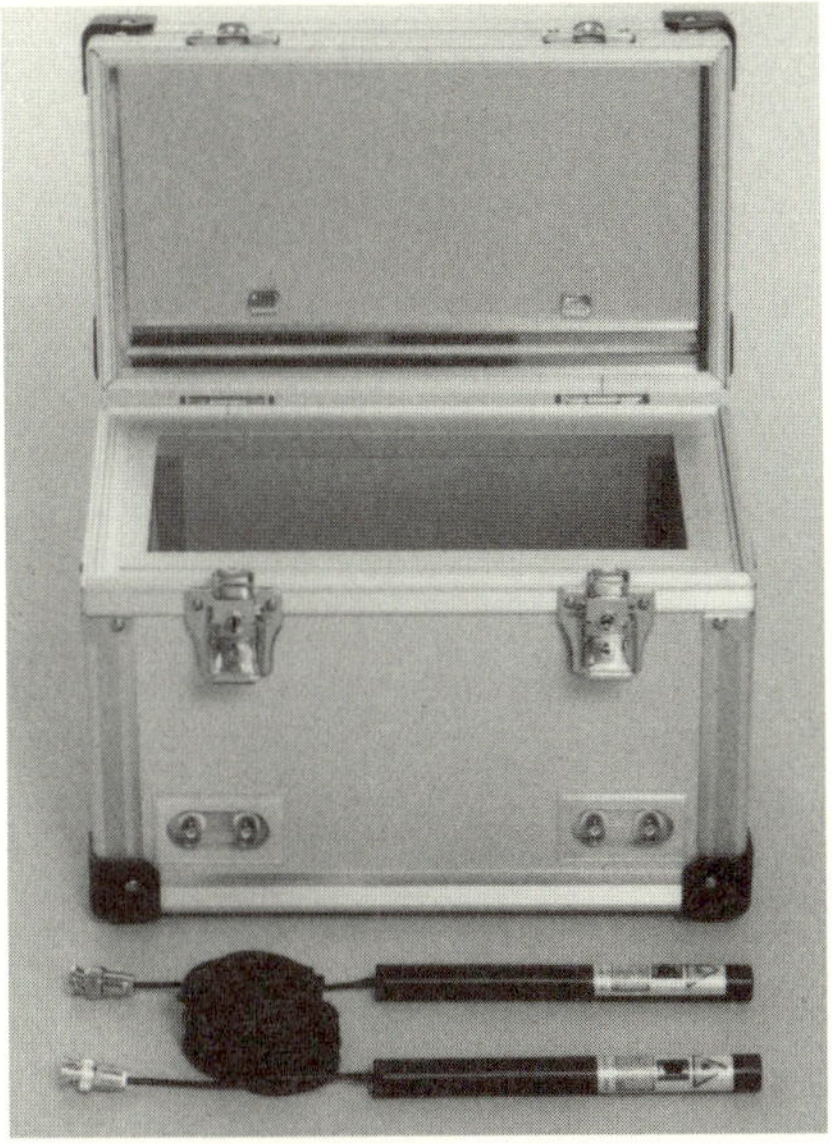

Dr.オルゴンOB型

表した「Ｄｒ・オルゴン21・Ｓ型」です。この「Ｄｒ・オルゴン21・Ｓ型」は、ヒーリングマシーンとしては空前の大ヒットとなり、発表から今日に至るまでに約二千八百台近くを出荷させていただきました。

この「Ｄｒ・オルゴンＯＢ型」は、大ヒットした「Ｄｒ・オルゴン21・Ｓ型」と、超科学の製品といわれる気エネルギー集積炉（Ｎ式オルゴンボックス）を合体させたもので、夢のヒーリングマシーンとして施術家の先生方から大きな期待を寄せられています。

好奇心の強い方々からたくさんの質問を受けます。

特に聞かれるのが「どのような経過でＤｒ・オルゴン21・Ｓ型が開発されたのですか?」ということです。

開発のアイデアは無から有が生みだされるように、簡単にポンポンと浮かんできたわけではありません。それには、こういう経緯がありました。

ある日、波動関係の『気の出るドイツの治療器』という本を目にしたのです。機械的な構造はよくわかりませんでしたが、スタイルはレントゲン形式でした。難病の人がその機器の前に立って、「気」を患部に受けるというものです。

そのとき、私のなかに一つの疑問が浮かんだのです。『歩けない人や寝たきりの人は、どうすればいいのだろう?』

私は『体が動く人しか使えないなんて不公平だ』と不満を感じました。私の不満を解消させるためには、「気」発生器から発生する「気」を、病人のもとへ届ける必要があったのです。つまり、「気」のデリバリーです。

製作を始めて、まず私が最初にしたことは、発生器本体から「気」を銅線で誘導し、ある種の道具を使って、目的物に「気」を放射するということでした。オルゴンボックス内部で連なった素子から引っ張ってきた銅線の末端に、様々なものを接続してみました。

たくさんの実験の結果、一番遠くまで「気」を飛ばすことができたのは、六角柱の水晶でした。中国の「気」の達人といわれる気功師の発生する「気」は、患者の身体を貫くといわれます。私は自分の作る発生器が、それ以上の高レベルのものでなければ納得できませんでした。

ある天台密教の阿闍梨《あじゃり》に尋ねましたところ、「赤外線レーザーポインターはいかがなものか？」という返答でした。

それを耳にした、わが心強いパートナー実記は、すぐに電気店に走り、作業場で発生器とレーザーポインターを銅線でつないで持って来てくれました。満面の微笑。発生器に接続されていたのは、ナショナルのプラスチック製レーザーポインターでした。ただ、それはすぐにメーカーの都合で生産中止になってしまったのです。

ところが『捨てる神あれば拾う神あり』です。

三洋のゴールド色のアルミ・レーザーポインターがすぐに見つかりました。さっそく、接続すると、すばらしいパワーが放射されているのに気づきました。そのとき、ポケット・プラーナの構造を思い出しました。改めて、宇宙エネルギー製品は、銅とアルミの関係が深くかかわっていることを確認したのでした。

パワーアップしたレーザーポインターを手にした喜びは、天にも昇る心地でした。私と実記は資金を集め、アルミ・レーザーポインターを買うために、電気店めぐりをしました。

ところが、どこへ行ってもゴールドのレーザーポインターは販売されていません。前日、実記が購入したものが最後のレーザーポインターだったのです。三洋も生産中止。

天国発から地獄行きの直行便に乗った思いで、よもやこれまでと落胆していたある日の夜のこと、知人から一本の電話が入ったのです。レーザーポインター専門メーカーが某カメラのカタログのなかに広告されているとのことでした。急いでカタログを探し、二本のレーザーポインターを手にしたときには、うれしさよりも、「やれやれ」という安堵《あんど》の深いタメ息をついたことを覚えています。

そして、発生素子とレーザーポインターを接続することで、発生器の基礎は出来上がりました。さて完成に近づいたものの、売り出そうにもこれら機器を裸のまま出すというわけにもいきません。その日から機器を入れる容器探しです。缶の容器から始まり木製の箱と、様々な容器を探しまわりましたが、適当なものはなかなか見つかりません。探しあぐねていたとき、一人の若者が「密教の修業から帰って来ました」と、挨拶《あいさつ》に訪れました。密教のヨモヤマ談議の末、ケースの話をしたところ、「では二人で探しに行きましょう」ということになりました。

夏も盛りの暑いなか、我々は容器を求めて歩きまわりました。結局、この日は何も見つかりませんでした。

そして、翌日のこと。連日続く猛暑のなかを歩いていると、修業帰りの青年は、暑さに負けたのか、突然、路上に倒れてしまったのです。私は途方にくれ、倒れた青年を背負って、近くの冷房のきいたカメラ店に入りました。何気なく奥を見ると、なんと格好の容器がヨリドリミドリで並んでいるではありませんか。回復した青年と私の帰りの足どりは軽く、暑さも心地よく感じられるほどでした。

そして不思議な偶然の結果、それぞれの部品はすべて揃い、気発生器「Ｄｒ・オルゴン21・Ｓ型」は完成したのでした。

Ｄｒ・オルゴン21・Ｓ型からＤｒ・オルゴンＯＢ型に至るまで

こうして完成した製品を「Ｄｒ・オルゴン21・Ｓ型」と命名しました。しかし、機器は完成したものの、私も実記も気功ヒーリングマシーンとしての使用方法が、まったくわかりません。

機器の使用方法云々よりも前に、私と実記はヒーリングの技法である整体術そのものも知らなかったのでした。

機器が完成し、一週間ほどして、ある整体師の方から電話をいただきました。

「気を発生させるヒーリングマシーンが完成したと聞いたのですが、見せていただけませんか」とのことでした。

「では翌日会いましょう」と気軽に答えてしまいました。

私は実記に相談しました。

「どうしようか……」

「どうしよう……」

というのが二人の会話でした。

すると、実記がやおら私に向かって言いました。

「あなたの思い浮かぶままに、ヒーリングシステムを作ってみたら」

「……」しばらくの沈黙。そう言われても、私には十分な知識がありません。

それでも、私は何かに導かれるように、レーザーポインターの照射手順書を作っていました。

先ず頭頂に照射、次に左脳、右脳、後頭部から首筋を経て背骨、尾てい骨。そして、背骨を中心とした左右の背中に「ハの字」を書くように照射。そして、最後に患部。

実記は笑っていました。

「プロの説明書みたいよ。昔、本で読んだことがあるわ。たしか、前世のカルマはその人の尾てい骨からはじまり、輪廻転生するたびに積み上げられて、頸椎《けいつい》にまで達するというの」

「そうか……」

実記は話を続けました。

「どこかで見たわ、人体図の背中にいろいろなツボが書いてあるのを」

と実記は上眼使いに、過去の記憶を手繰《たぐ》りよせているようでした。

「形はできたわね……」

「決まりだね」

中国四千年の療術の歴史を、西海家は一時間で創り上げたのです。

あとは人体実験です。実記をうつ伏せに寝せると、打ち合わせの手順どおりにやってみました。十五分くらいの照射で身体が温かくなり、軽くなったとのこと。これで何とか準備は整いました。

翌日、約束の時間に施術院を訪ねてみると、一人の老女がベッドの上に横たわって、何か言っています。

「三年も通院しているのに、ヒザの激痛が取れないわ！」

先生に悪態というのか、苦しさを訴えていました。先生はバツが悪そうに私の顔をみて、

「ああ、ちょうどよかった。西海さん、新兵器をこの人で試してみてください」

私は早速、老女のヒザへ直接レーザーポインターの赤い光を照射しました。

時間にして一五分くらいでしょうか。施術後、老女はベッドから降りて、二、三歩歩いて、ヒザの具合を確かめていました。

「痛みが消えている！　新しい先生、どうして？」

私は、「気を照射しただけです」という以外の言葉を知りませんでした。

このことに気をよくした私は、「Ｄｒ・オルゴン21・Ｓ型」を持って、武者修業の旅に出たのです。

そして、飛び込んだ施術院で経験を積ませていただきました。施術は百発百中の効果を発揮しました。機器は飛び込んだ先の施術院で、次々とご購入いただきました。（これも百発百中でした）

あるとき、思念に関する、おもしろい事件に遭遇しました。

それは、関西で「Ｄｒ・オルゴン21・Ｓ型」を納品させていただいた、大きな総合整体院での出来事でした。

オーナーからのお電話で、「先日、購入した機器が故障したのか、思うような効果が出ない」とのことでした。

私は翌日、その整体院を訪ねました。院内には療術ベッドが十台くらい。施術を行う方は全員パートさんで、施術心得のとぼしい方たちばかりのようでした。院内に入ってみると、施術師の方々は施術らしきことをしながら、施術者どうし雑談で盛り上がっていました。

彼女らにとって、体不調者のことはさほど気にならないようです。その施術態度をみて直感しましたので、施術作業を中断していただき、三十分程のミニセミナーを開きました。

「今日から三日間は、特別賞与期間とします。ボーナスは、施術効果があった方のみに出します。施術効果を得るヒケツは、施術者は、体不調者が元気になってお帰りになる姿をイメージすることです。施術中の私語は禁止です」

それだけを告げ、私は帰路につきました。四日後、オーナーから「九十五パーセントの方に施術効果がありました」との報告をいただきました。

「気」の面白さは、施術者の思念に治癒させる強力なパワーがある、ということなのです。だから、遠隔ヒーリングが可能なのです。

なぜレーザーポインターなのか。それは、レーザーポインターの赤外線が、体内に深く浸透するからです。そして、施術者の「気」と「思念」を混合させることにより、奇跡的なヒーリング効果が期待できるからなのです。

「Dr・オルゴンOB型」は「Dr・オルゴン21・S型」の特性をそのまま引き継ぎながら、内部構造に改良を加え、N式オルゴンボックスと同じ理論で製作されています。レーザーポインターとの接続口は外側にとりつけられていて、ボックスのフタを開けずに使用できます。N式オルゴンボックスと同様に、あらゆる物品を高波動化することが可能です。

（詳しくはN式オルゴンボックスの章をご参照ください）

Dr・オルゴン系による体験談

①おばあちゃんが歩いた!!

（K・Sさん　四十八歳　女性）

私は、自力では歩けない母（八十二歳）を車に乗せ、「ボーテクリニック長野」を訪ねました。車から二人掛かりで母を降ろし、施術院のベッドまで運びました。

やっとの思いでベッドに乗せられた母は「痛い、痛い」と泣いていました。

通常の施術であれば、波動クリームを塗って、波動パッドで不調部分を温め、その後レーザー照射を行うらしいのですが、母は足に触れられるだけで痛がるので、そのときはレーザー照射のみを三十分間、施されました。

先生から「帰りは歩いて帰れますヨ」と言われ、私は「まさか？」と思って母の顔をのぞいてみますと、先ほどの泣き顔は、笑い顔に変わっているのでした。

先生の「ベッドから降りて歩いてみましょう」という声に促されて、母は一人でベッドから降りました。そのまま誰の肩も借りず、玄関の階段を降りて、車に乗ってしまったのです。その姿を待合室から見ていた皆さんが、あ然としていました。

（H・Tさん　六十七歳　女性）

②元看護婦の私が驚いた!!

私は、国立系病院の看護婦として三十年余り勤めました。

退職したとき、私の身体はボロボロでした。階段の昇り降りは、手すりによりかかり、壁に手をたずさえるようにして歩くという風でした。少し冷えただけでヒザに激痛が走り、手の先は麻痺した状態で、握力はほとんどありませんでした。

大学病院にも三年間通院しました。病院ですすめられたのは「ステロイド」でした。「ステロイド」の恐さは、元看護婦の私が一番よく知っていました。

独り暮しの私は、夜ごとの激痛に耐えながら、何度か自殺を考えました。

ある日「ボーテクリニック」を知り、疑心暗鬼のなか、ワラをもすがる思いで訪ねたのです。「大学病院でも治せないのに……」と思いつつ。

初回は足先に触れられるだけで悲鳴をあげました。何をされるのかと観察していると、ヒザからつま先にかけて、「気」を放射するというレーザーポインターで赤い光を照射されました。

二十分程たったとき、ヒザの痛みや足の指の痛みがやわらいでいました。大学病院ではベッドから降りる時はかなり苦労していたのですが、そのときは一人で降りることができ、「アラッ」という不思議な感じがするくらい、下半身がかなり軽くなっていました。

週二回通い、四カ月たった頃、指先とヒザの痛みはほとんど消えていました。

奇跡ではないかと、ほんとうに感謝しています。

あれから一年余り過ぎ、今ではプール、ダンス、旅行と老後を十分に楽しんでいます。

③骨折の回復を早めた!!

（M・Mさん　三十二歳　男性）


スポーツ好きの私は、サッカーでスネを折ってしまい、しばらく病院通いをしていました。

そのようなとき、不思議大好きの母が、西海先生の『癒しの扉』という本を買って来て私に読むよう勧めました。「気」の不思議なパワーにとても興味を持ち、生活活性研究所直営の「ボーテクリニック」を訪問しました。

「完治まで、六カ月はかかる」という病院の話でしたが、もっと早く回復したい旨を西海先生にご相談すると、「病院が六カ月というのなら、そうでしょう。それより、一日でも早く運動ができれば儲けものと思ってください。アセリは禁物ですよ」とはげまされ、レーザーポインター照射のため週三回通うことになりました。

そのおかげで、三カ月で歩けるようになりました。回復の早さに病院の担当の先生が驚いて、首をかしげていました。

「気」のパワーを身をもって体験させていただきました。

「本」を紹介してくれた母に感謝しています。

④植物人間から生還

（T・Mさん　五十二歳　女性）


私は、西海先生とK先生を知人から、紹介していただきました。

西海先生から本人の写真を持参するように言われたので、息子の写真を西海先生にお渡ししました。西海先生がK先生に写真を渡されたとき、

「この子、回復すると思うけど」

「大丈夫です。回復します」

と嬉しい言葉をいただきました。

あまりの嬉しさに、両先生の話をよく覚えていないほどでした。

不思議な気持ちのまま、私は知人と両先生を、息子が入院している病院へ案内しました。

K先生は突然、全員室外へ出るようにと言われました、植物人間状態の息子と二人になり

たいと言うのです。

それから三十分もたったでしょうか。K先生が病室から出てこられ、「お母さん、これからは息子さんと意思の疎通が可能になりましたよ」とおっしゃるのです。

K先生の言葉の意味がよくわかりませんでした。

「これからは息子さんの目をみて話してください。イエスはまばたき一回、ノーはまばたき二回です」

私は早速、息子のベッドへ行き、

「ボク、お母さんはこれから、ちょっと用事を済ませに行ってきますよ」

同じ言葉をゆっくり二回繰り返しました。息子はまばたきを二回、ノーです。私は用件の大切なことを話しました。息子のまばたきは一回。イエスです。

K先生にお尋ねしますと、K先生は息子と「念波」で会話してイエス、ノーをまばたきの回数で決めたとのことでした。

私は西海先生が製作された、Dr・オルゴン21・H型を購入し、毎夜仕事の帰りに三十分、息子の全身に『どうか治って！』という祈るような気持ちでオルゴンエネルギーを照射したのです。

あれから、一年六カ月が過ぎ、驚く程の軽癒をみて、今は自宅でリハビリ中です。

⑤子どもの首に奇跡が起きた（Ｄｒ・オルゴン21・Ｓ型）

（Ｓ・Ｋさん　三十八歳　女性）

私の子どもは六歳です。出産のとき産院のミスで、子どもの首が体内にめり込んだまま、出産してしまいました。そのため首に異常があり、知能と運動能力が未発達となりました。そして、その状態で五年間が過ぎました。

あきらめかけていたとき、あるセミナーで西海先生製作の「Ｄｒ・オルゴン21・Ｓ型」のことを知り、早速、西海先生にお電話を差し上げました。

西海先生からは、医師法という法律のせいか、最後まで「治る」というお言葉はいただけませんでした。その会話が終わろうとしたとき、不思議と受話器が熱くなり、私の身体が軽くなりました。

主人に購入のことを相談したところ、二つ返事で了解してもらいました。

使用を続けて三カ月目に子どもに変化があり、六カ月には同じ年齢の子どもさんにはいくらか劣りますが、回復してきました。六カ月前に比べれば、奇跡の回復です。

小学校も普通学級で頑張っています。

⑥十歳児に声が……（Ｄｒ・シャルモン・Ⅱ型）

（Ｋ・Ｔさん　五十八歳　男性）

私たち夫婦の悩みは、十歳になる娘にまったく言葉がないことです。娘は、寝たきりの知能障害児です。

ある日、妻が新聞広告で『「気」驚異の進化』という本を知り、購入しました。その後、すぐに西海先生のセミナーがあったので、そのセミナーで私の娘のことを質問しました。するると、意外にも「病院に相談しなさい」というお答えでした。

私は失礼なことですが、思わず失笑してしまいました。有名病院はずいぶんと訪れ、有名な先生にも何度も相談した旨をお話しました。

すると西海先生は「念波」の不思議についてお話されました。私たち夫婦はそのお話に感銘し、意を決して「Ｄｒ・シャルモン」という携帯用の機器を求めました。最後のチャンスとばかりに、娘に念波を送りながらヒーリングを続けました。

八カ月を過ぎた頃、「ア……」とか「ウ……」という、うめき声に近いような音を発するようになりました。さらに三カ月を過ぎた頃、一歳児くらいの単語にならない言葉が出るようになりました。一年を過ぎると、二歳児くらいの話し方になってきました。

妻はことあるごとに娘に話しかけています。母親の母性本能でしょうか、私は感服すると同時に、Ｄｒ・シャルモンの不思議さに驚いています。

⑦何でだろう（Ｄｒ・シャルモン・Ⅱ型）

（Ｍ夫妻　三十代）


不思議な話を聞いてください。私の部屋には霊的なことが、しばしば発生します。夜は、床に入ってフト目が覚めると、足元に人の気配を感じます。またあるときは同じ部屋の電球だけがよく切れます。お風呂とトイレでは下水の臭いと違う生っぽい臭いがします。

私も妻も、寝不足とストレスで疲れてしまいました。悩んでいるとき、知人に誘われて西海先生のセミナーに参加させていただきました。

西海先生は、普段はあまり霊についてはお話されないそうですが、その日は参加者の方から質問があったので、私も我が家で起こっている妙な出来事を質問させていただきました。

その質問に対し、先生のお答えは「Ｄｒ・シャルモン」の光で部屋中を洗ってみては、ということでした。妻は早々に購入して、霊現象が起こると、般若心経を唱えながら部屋のすみずみにレーザーポインターを照射しています。

不思議と部屋の空気が澄んだようになり、その後は何の気配も感じなくなりました。また、外出時に不快感を体に感じたときは、妻と二人で「波動ボーテ・クリーム」を首筋から肩甲骨にかけてたっぷりと塗り合っています。

私たち夫婦は「波動ボーテ・クリーム」を「霊障取りクリーム」と呼んでいます。

⑧「?」「?」「?」（Ｄｒ・オルゴン21・S型）

（T・Mさん　三十二歳　女性）


私は慢性の椎間板ヘルニアでした。

ある日の朝、突然の痛みにおそわれ施術院をたずねました。二日目には整骨院にも行ってみました。

夜中、痛みは激痛に変わり、知人にすがる思いで相談の電話を入れました。

翌日、知人は私を気功器の製作所に連れて行ってくれました。

知人が私を紹介すると、責任者の方はベッドの上にうつぶせに寝るようにと指示をされました。その指示どおりにすると、責任者の方は「私は、忙しいので君がやりなさい」と言って、知人に指示して外出されたようです。

私は「?」

やり方を習った知人は、私の背骨と腰に何かの処置をしてくれたようです。

私は「?」

三十分ほどして、責任者の方は外出先から帰ってこられ、私に向かって、

「ベッドから降りて歩いてごらん」

と、おっしゃるのです。

起き上がってみると、痛みはまったくありません。

私は「?」

ベッドから降りて歩いてみると、なんとあの激痛が消えていたのです。帰りに責任者の方に名刺をいただきました。名刺には、(株)生活活性研究所　代表　西海　惇　と書いてありました。

⑨ストレスによる便秘と不眠症

（Y・Tさん　五十四歳　女性）


私は、永年、郵便局の女性局長として働いてきました。

ある日、お客様の紹介でボーテクリニックを訪れました。実は私は、もう永年便秘薬を常用し、また二年前から睡眠薬を飲まずには眠れない毎日を送っていました。

昨年の春のこと、そのお客様と話していると「どこか悪いのではないですか？」と聞かれたのです。いぶかりながら、便秘症のこと、そして不眠のことを打ち明けました。

すると「ボーテクリニックというオルゴンヒーリングが受けられる施術所があるんだけど、治りにくい体不調にとてもいいのよ」とすすめられ、いろいろとお話をうかがっているうちに施術を受けてみる気になりました。

仕事の重圧と、従業員との人間関係などで心身をすり減らし、その結果、便秘と不眠に悩まされ続けてきたのだと思います。

夜、眠れないというくらいつらいことはありません。夜中にふっと目が覚めると、もう眠れないんです。あたりが白み始めるまで、まんじりともせず過ごす日が続き、心身ともにまいってしまいました。初めは、睡眠薬のかわりにアルコールを飲んでみたりしていたのですが、生半かなお酒では逆効果でした。また便秘のため、おなかが張ってぱんぱんになる苦しさは、口では言い表すことができません。だから、ついお薬に頼る毎日でした。

クリニックでのオルゴンヒーリング一回目の効き目は、まず、その夜の睡眠状態に表れました。いつものように眠れないと思い、テレビを見ていましたが、途中で眠ってしまったのでしょうか。気がついたときは朝の八時になっていました。そして、その朝はたくさんの便が出て、とてもすっきりしたのです。

翌日、私は早々にバイタルウェーブとオルゴンマットを注文しました。

現在では、便秘も不眠も解消して、薬の世話になることもなくなりました。睡眠薬の常用を危ぶんでいた子どもたちも、「お母さん、よかったね」と喜んでくれています。それ以来、毎日「気」の流れがよくなるバイタルウェーブとオルゴンマットで快く眠っています。

⑩まさに一石二鳥！（Ｄｒ・オルゴン21・S型にオルゴンボックスがついた）

（Ｍ・Ａさん　三十九歳　女性）

「よっしゃー」これがＤｒ・オルゴンＯＢ型の話を聞いたときの私の第一声です。

以前から、オルゴンボックスが欲しくて欲しくてたまらなかった私は、オルゴンＯＢ型を手に入れたときは、思わず小躍りしてしまいました。私の部屋の東側に位置する一番いい場所に置くつもりでした。そして、その場所を見るたびに、化粧品やアクセサリー、下着や洋服、それと私の大好きなチョコレート等がボックスのなかにきちんと並んで入っているのをしっかりとイメージしていたのです。

仕事柄、慢性肩こり、便秘&肌荒れに悩む私は、欲張りなことにボックスとレーザーヒーリングマシーンの両方が欲しかったのです。でも、私のお給料では、二つも購入するのは至難の業……と思いつつ、どうしても諦めることができずにいたのです。それが、Ｄｒ・オルゴンＯＢ型のことを聞いたときは、思わず飛び上がって喜びました。大きな、とっても大きな勘違いですが、「西海先生がきっと私のために作ってくれたんだわ！　私ってなんて幸せ者……」と自分勝手に思い込んで、感動に浸っていました。そして、すぐに購入の申し込みをしました。

恋焦がれていたＤｒ・オルゴンＯＢ型が届く日は、有休を取って待機していました。部屋も念入りに掃除して、初めて中に入れる物はやっぱり新品がいいな！　と思い、化粧品・パンスト・下着、もちろんチョコレートも買い揃えていました。いつも見る宅急便のお兄さんが素敵に輝いて見えたのはＤｒ・オルゴンＯＢ型をかかえていたからでしょうか？

Ｄｒ・オルゴンＯＢ型を置いた途端、部屋のなかの空気が澄み切った感じがしました。それから毎日レーザーヒーリングをし、エネルギー化された化粧品＆下着類を使い、やさしい味になったチョコも堪能しています。しばらくすると、まず便秘が解消し、肌がきれいになってきました。気付いたら、夕方になると痛くなっていた眼も、頑固な肩こりも取れていました。もう毎日が幸せで感謝でいっぱいです。今は腰痛の母を毎日レーザーヒーリングしています。「楽になったよ。ありがとうね」と母から言われ、嬉しいと思うと同時に、〝感謝の言葉って、こんなに心地よかったんだ……！〟と改めて気付きました。自分が幸せだと周りのみんなにもやさしくできます。これもすべて、私のため（？）に西海先生が作ってくださった（笑）Ｄｒ・オルゴンＯＢ型のおかげだと、心から感謝しています。

※医療機関等で検査してもらうことは必要です。そのうえで、ボーテクリニック等の指導のもとに、ヒーリングされることをお勧めいたします。
※プライバシー保護のため、体験談のお名前は、イニシャルまたは無記名とさせていただきます。
※体験談はご本人の感想であり、結果には個人差があります。

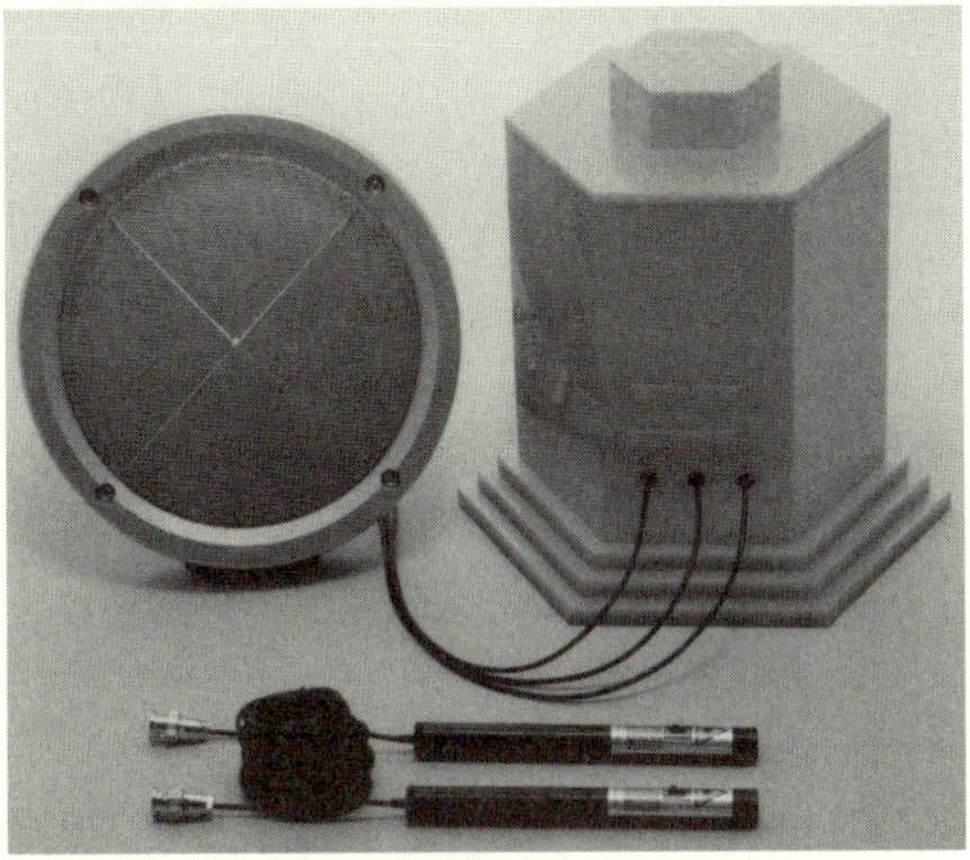
プレマ・プラーナDX型

プレマ・プラーナＤＸ型は一台五役をこなす！
――わがままな提案から生まれた……――

プレマとは、ヒンズー語で「愛」、プラーナとは「宇宙に存在する生命エネルギー」のことを言います。

愛と生命エネルギーを統合し、形にすれば、「プレマ・プラーナＤＸ型」になるのです。

私がこのプレマ・プラーナＤＸ型を開発するうえで、様々なヒントになった機器の説明をしていきましょう。

室内気流器として

以前、「プレマ・プラーナＤＸ型」の前身となる

「マグネス・プラーナA型」という飲料用波動水を作る機器を取り扱っていました。その製品のセミナー中の出来事でした。

その日に限って、幼児を連れたお母さん方が多く出席されました。幼児は一人が泣くと共鳴し合うのか、次々と泣き出したり、ムズがったりしていました。ちょうど、そのとき、「マグネス・プラーナA型」を巡回させることになり、泣いている幼児の所にその製品が回ってきました。すると、不思議なことに幼児はピタッと泣きやんで、スヤスヤと眠ってしまったのです。どの子も同様でした。そのときは、偶然の出来事かと思ったのですが、もしやという気持ちもありました。

翌日、別の会場で意識的に実験してみようと、お母さんたちに幼児同伴をお願いしました。前日と同じ状態になったとき、セミナーの途中でしたが、実験の趣旨を告げ、泣いている幼児の前に「マグネス・プラーナA型」を一つ、ムズがっている幼児の前にも一つ置いてみました。やはり、幼児たちはスヤスヤと眠ってしまったのです。

会場のなかは驚きと感嘆の声が渦巻きました。やはり、最初の件は偶然ではなかったのです。

その後、実験はあらゆる場所で行われました。心療内科のカウンセラー室に置いてみると、虚言癖で手をやいていた患者が素直になったとの報告がありました。また、ある会社の社員食堂で、いつも騒いでいるグループがいたのですが、その指定席になっているテーブルに置いてみると、その日は静かだった、という報告もいただきました。

そういうことから私が思ったのは、宇宙エネルギーには、心を落ち着かせるヒーリング効果があるのではないかということでした。そこで、機器から、より強力なパワーを放出するように作ったものが、「プレマ・プラーナＤＸ型」なのです。以来、前にも増して、多数の効果の報告が寄せられるようになりました。

気功訓練器として

以前「Ｄｒ・オルゴン21・Ｈ型」をご購入いただいた整骨院の先生に、電話を差し上げたときのことです。

そのとき、先生は「Ｄｒ・オルゴン21・Ｈ型を使いだしてから、自分でも驚くほど気功力が強くなりました」というお話をされました。

また、非常に好奇心を刺激するお話もありました。

「Ｄｒ・オルゴン21・Ｈ型」のフタを開けた状態で、その上に左手を置くと、体内に気が充満するというのです。私と先生の話を横で聞いていた実記は、持ち前の好奇心がメラメラと燃え出したのか「21・H型」を持ち出して来て、実験を始めたのでした。気功力が乏しい私で試してみようということなのです。フタを開けたH型の上に私の左手をかざし、右手の指先を実記の肩コリ部分に当てると、数分で肩が温かくなり軽くなりました。腰に同じように当てると、やはり結果は良好でした。

気功訓練器プレマ・プラーナ

改めて申し上げておきたいことは、当時の私の気功力は乏しかったのですが気がまったく出ていないということではありません。人間だけでなく、強弱は別として宇宙に存在するものすべてから気は出ています。気功力に自信のない「あなた」も同様です。

そのような私が気功のまねごとで実記の肩コリ、腰痛を数分で解消させ、成功しているのですから「Dr・オルゴン21・H型」は気功訓練にもなると考えてよろしいと思います。

さらに訓練は続きました。一カ月もたった頃には、実記に直接触れずに、右に左に思いのままに倒せるようになりました。ただ、前後に倒すのは多少時間がかかりました。

気を合わせるということを考え、人工的な共鳴現象を作ってみました。私は実記の呼吸に合わせました。実記が息を吸うとき、私も吸う。実記が息を吐くとき、私も吐く。こうして十回ほど続けたところで、実記が前方に倒れるところをイメージして、右手を彼女の前に出すと、彼女は前方に体を倒れ込ませるのでした。後方に倒すのも同様でした。

施術者は、被施術者に「体が元気になる」という思いを念波として伝えればいいのです。エネルギーと気と念波がミックスして、すばらしい効果を発揮するのです。

思いを強くもって、ビールやポテトチップスの味を変えたり、遠くにあるビールを二〜三秒見つめただけで気を抜いてしまう。このようなことが、誰にでも可能なのです。どうです、一度やってみてはいかがですか。

訓練器で訓練すれば、どなたでも思いのほか簡単にできるのです。

これは後々「プレマ・プラーナＤＸ型」に生かされることになりました。

ヒーリングマシーンとして

「プレマ・プラーナDX型」は、LEDポインターやレーザーポインターと接続すれば「Dr・オルゴンOB型」となります。

ミニ・オルゴンボックスとして

私の支援者は、わがままなアイデアの提供者が多くおられます。N式オルゴンボックスは高額過ぎるし、大きなものを置く場所もない。もっとコンパクトで、貴金属系のアクセサリーを入れて波動アクセサリーが作れるものはできないか、とマルチ的な使用方法を要望されます。そのようなわがままなアイデアから生まれたのが、「プレマ・プラーナDX型」の上部のミニ・オルゴンボックスです。おかげで、好評をいただいています。

提案や要望をいただくことは、進化の要因である、とつくづく思います。

気波動遠隔ヒーリング器として

遠隔ヒーリングとは、遠く離れている人を気の力でヒーリングしたり、第三者や自分自身の願望を成就させるための技術です。これまでは遠隔ヒーリングは、主にDr・オルゴン系機器で行っていました。

それをどなたでも簡単に、より強いパワーで遠隔ヒーリングができるようにした補助具が「プレマ・プラーナＤＸ型」です。私の支援者の方たちは、これを「魔法の六角箱」と呼んでいます。

私たち凡人は、子どもの頃からミステリアスなものに憧れ、魔法使い、スーパーマン、超能力者に変身したいと夢みています。そして、不思議と正義の味方になってしまうのです。それは、人間の本性が善性であるゆえ、ではないかと思います。あなたも遠く離れた体不調のご両親、痛みに苦しむ知人等を苦悩から解放してあげたいと思ったことはありませんか。苦痛から解放されたご両親からの喜びの電話、あなたに感謝する知人の姿、考えただけでも嬉しくなりませんか。

しかし、それはまたプロの治療家たちの夢でもあります。この遠隔ヒーリングは、医療界の錬金術的治療法かもしれません。

私は、これまでに遠隔ヒーリングの器具を数種開発し、発表してきました。それらを集大成し、完成させたのが「プレマ・プラーナＤＸ型」なのです。

遠隔ヒーリング器としての「プレマ・プラーナＤＸ型」は、念波エネルギー（相手を思

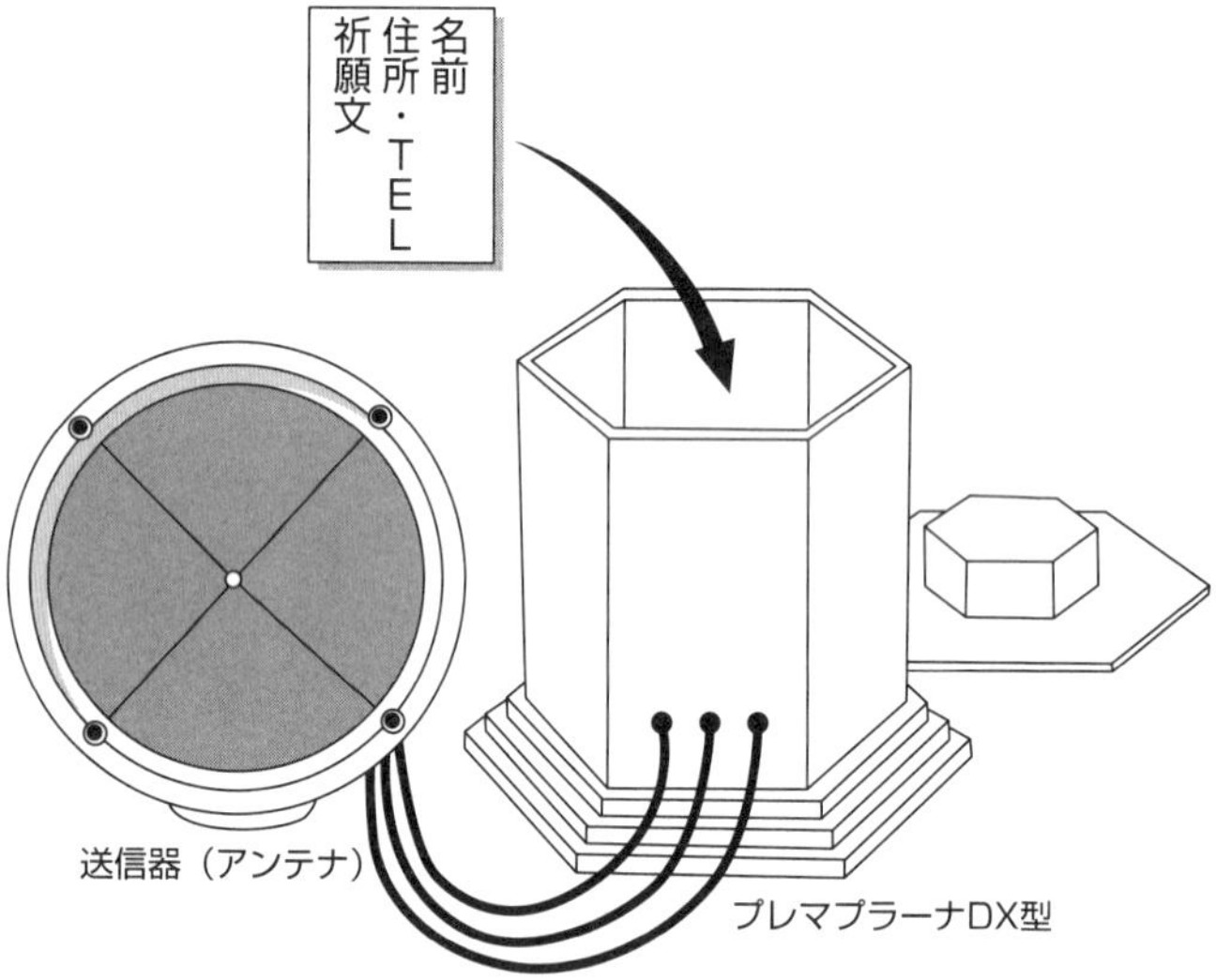

プレマ・プラーナDX型による遠隔ヒーリング

う心）をベースとし、それに形式エネルギー（祈願文章の増幅）、そしてオルゴンエネルギー（メビウスコイル）を加えることで、強力な「気波動エネルギー」となり、対象に作用します。

上の図をご覧ください。プレマ・プラーナDX型の上部は、取り外しができるようになっています。その下の基台に当たる部分に、オルゴンエネルギー発生器が内蔵されています。

使い方としてはフタを外して、その中に体不調の回復を願う言葉を紙に書いて入れます。あいまいな表現よりは「○○がよくなった」「○○○が治った」と体不調の部分ごとに具体的に記すほうが、より効果があるようです。筆記用具は鉛筆がいいでしょう。紙片には黒鉛粉が付着されます。この黒鉛の電気的伝導性が効果を高めることになります。もちろん、祈願対象者の名前を記すのを忘れてはいけません。対象が本人の場合は、自分の名前を書きます。一般的には写真を添えているようですが、私の実験では、その写真をコピーして使用するほうが効果的でした。また普段、対象者が身に着けていたり、使用していたものを一緒に添えると、さらに効果的です。次に住所、ＴＥＬを書きます。

祈願文は、「～になりますように」というような七夕の短冊に記す書き方よりは、「〇〇〇平癒」と書いたうえで「〇〇の調子がとてもいい」とか、「皮膚がすっかりスベスベになって気持ちがいい」というように、願いが実現した状態を記すと効果があります。これは言霊効果の増幅です。

聖書のなかで「祈って求めるものは何人でも、すでに受けたと信じなさい、そうすれば、そのとおりになります」とイエス・キリストも言っています。これも一種の言霊効果によるものだと私は思っています。

「服薬」効果を得るためには、事前に最適な漢方薬を調べたうえで、その名前を書くのも良いでしょう。植物波の恩恵が得られるだけでなく、オルゴンエネルギーによって成分が増幅され、身体に作用します。

このほか、漢方薬名を書いた紙片を招福カードの中に入れて携帯すると、なお一層の相乗効果があります。

◎書き込み例
山田太郎
住所　福岡市中央区大名一の一の四
ＴＥＬ　０９２―７１６―４２４８
腰痛が治った

完成された「プレマ・プラーナＤＸ型」には、気波動の送信器（Ｐ１４０のイラスト参照）が取り付けられています。それは、本体内部で発生したエネルギーが、被施術者へ放射するときに緩慢な状態にならないために方向性をもたせたものです。

祈願文はメビウスコイルで増幅され、その祈願文の波動エネルギーは方向性をもって被施術者へ放射されます。

送信器が大きくなればなるほど、パワーは増大すると考えがちですが、大きすぎると逆にパワーが緩慢になりがちです。実験の結果、当研究所製作の送信器ほどの大きさが最適であるようです。

代替医療ベッドの進化「オルゴンスリーパー」

「オルゴンスリーパー」は、N式オルゴンボックスの構造理論の高次元波動発生システムが応用されたヒーリングベッドです。

このベッド開発の発案は、私どもの研究所へN式オルゴンボックスの見学にみえた方たちから、「ボックスのなかに寝てみると、運が開けそう・難病が治りそう・若返りそう」という必ず出てくる言葉からでした。

研究所にお越しくださった方たちは、本物を直感的に見極める右脳型タイプの方が多いようです。

寝るだけで健康になれる、体不調が改善される、と考えただけでも私は嬉しくなり、私の創作意欲は、いやがうえにも高まろうというものです。

試しに、N式オルゴンボックスの底面を使ってみると、体力のない人は湯あたりのような状態になってしまいます。

オルゴンスリーパー

私と製作担当の栗川常務は、試行錯誤を重ねました。特に重要な改良点は、背面頚椎から尾てい骨までの経穴《けいけつ》に刺激を与えるには、どのような構造にすればよいのか、という点でした。改良に改良を重ねて、現在の構造を完成させたのです。

完成した翌日には、全国から東洋医学の研究家や施術院のオーナーの方たちが馳せ参じてくれました。好奇心の強い方たちばかりです。

「すばらしい!!」

「施術が楽になる」

「ベッドから上質の気が放射されている」

「室内の磁場が高くなっている」

「私の施術用ベッドはアメリカ製で一千万円だった。これは、それ以上の性能だ」

「このベッドの登場で、経験を問題にする時代は終った」

栗川常務の顔には、感激というより安堵の色がありました。

先生方全員の感想は、「温かく、心地良く生命細胞を揺らし、きれいに整えてくれるという感じだ」ということで一致していました。

しかし困ったことに、いや、嬉しいことに感想を述べるだけで帰途に着く先生方ではありませんでした。

「さらにベストにするには、もう一つ足していただけるとありがたい。それは、体不調の状態に合わせて、波動を変えることができればいいのだけれど」との提案がありました。

そこで先生方には一泊していただくこととなり、早速、栗川常務と徹夜で改良しました。

改良といっても特別なことをしたのではなく、N式オルゴンボックスの外部接続形式をベッドに応用したのです。そして、ベッドに取り付けられた接続部分と、「バイタルウェーブ」を接続しました。

「バイタルウェーブ」とは、新製品として発表されたばかりの究極の波動器のことです。この波動器は周波数と波型で、気と同種の波動を作り出して放射します。この製品については、後の章でご紹介しますので、ここでは特長のみを述べることにしましょう。

この機器は、体不調の種類によって、周波数、波形、色（LEDポインターによる）を設定し、体不調部分を改善するものです。この「バイタルウェーブ」は、二〇〇二年七月に『無限進化∞究極の波動器』（コスモテン発行、太陽出版発売）という著書で発表したヒット製品で、驚異的なヒーリング実績をもった波動器です。

「オルゴンスリーパー」は試作発表会の席で一つの進化を遂げました。

「オルゴンスリーパー」に「バイタルウェーブ」を接続し、「レーザーポインター」もしくは「LEDポインター」を使用することによって体不調の各部分に対応できる、世界に類のないヒーリングベッドとして完成したのです。

翌朝、それぞれのホテルから集合された先生方に「このヒーリングベッド（オルゴンスリーパー＋バイタルウェーブ＋ポインター）に『温熱療法』を加えれば、未経験者でも短期間の訓練で、ヒーリングセンターが開設可能だ」という賞讃の言葉を戴きました。

私は、開発した製品が完成し、それを手にしたときのユーザーの喜ぶ姿をイメージし、創作活動への原動力とするのです。

これが私の製作理念なのです。

オルゴンスリーパー体験談

①奇跡のパワーありがとう！　大好きな叔母さんありがとう！

（K・Iさん　二十歳　女性）

去年の十二月、今までに経験したことのないめまいに襲われました。仕事の疲れかストレスのせいだろうと思っていましたが、激しいめまいが続き、友人から「メニエールの症状に似ているから病院に行ったら」と言われ、病院に行くことにしました。

病院で検査が終わり、先生の所へ行くと、先生は困った顔をしていました。頭部のＣＴを見せられ、私は自分の目を疑いました。素人の私が見てもわかる異物のような白い影があるのです。ショックでぼんやりした状態のまま、先生の話を聞いていました。そしてその日、私は緊急入院となったのです。一週間の入院で、とりあえず激しいめまいはおさまったので、退院しました。

その後、私の叔母さんとともに再び検査に行くと、まだ白い影が写りました。先生は

「腫瘍みたいだから検査手術をしましょう。親御さんに了解を取ってください」と言って、手術の説明をし始めました。難しい言葉のなかで、恐怖だけがつのって倒れそうになりました。先生の話が終わると、なんと叔母さんが「手術を一カ月延ばしていいですか」と半ば命令口調で言うのです。すると、それまで優しかった先生の顔が、急に怒ったような顔になり、「腫瘍がさらに大きくなる可能性もありますよ」と言いました。叔母さんは「はい。それでもいいから一カ月延ばしてください」と答えました。私は心のなかで『叔母さん何言ってるの？　責任とってくれるの？』と、叫んでいました。

しかし、帰りながら叔母さんは「必ず良い方向に向かわせてあげるから」と言うのです。

そして、翌日から叔母さんが勤めている会社の、施術をしてくれる部門「ボーテクリニック」という所に通うことになりました。毎日、一時間ほどオルゴンスリーパーという変わったベッドに寝て、頭の両脇には、六角の形をしたエネルギー発生素子というものが置かれました。六角を両脇に置いた瞬間、頭がカーッと熱くなり、話し掛けられているのも気づきませんでした。そして病院の検査の日まで一カ月、必死で「ボーテクリニック」に通いました。

さて、病院の検査の日、ドキドキしながら先生の話を聞きました。先生は頭をかしげながら「不思議だね、造影剤が通っているよ。これは腫瘍じゃないから手術の必要はないようだよ。良かったね」と言いました。その瞬間、体中の緊張がとけ、心底ホッとしました。おかげ様でここまで復活することができました。叔母さん、西海先生、本当に有難うございました。今度ぜひ復活パーティをやりましょう！

②ベッドに寝るだけで痛みが軽減！

（四十六歳　N施術院）

この度、長年の夢だった施術院をオープンすることになりました。オープンに関して西海先生に相談したところ、施術院のオーナーのみのセミナーを福岡で行うとのことでしたので、早速参加させていただきました。

セミナーでは新開発の気波動療術ベッド「オルゴンスリーパー」の説明と、実体験のコーナーがありました。私の順番が来たので、ベッドに横になりました。四、五分もすると、温熱器でもないのに体が温かくなり、マッサージ器でもないのに体内がもみほぐされていくるような感覚を覚えました。それは、あたかも傷ついた細胞が癒されて、整えられていくという体感でした。不思議なことに、一週間前からあった背中の痛みと手首の痛みが、べッドに横になっていただけなのに、すっかり消えていました。

温熱療法のボーテクリニックにぜひ取り入れたいと思い、早々と発注しました。

③感性技術の極み、ベッドは進化する！

（五十二歳　M術院）


整骨院を開業して二十五年、いろいろなベッドを見てきました。そのなかには、ドイツ製で八百万円、アメリカ製で一千万円という代物までありました。それぞれに近代技術を駆使したもので、なるほどとうなずけるベッドばかりでしたが、いまひとつ決め手にかけるものがありました。

今度、西海先生が開発された気波動療術ベッド「オルゴンスリーパー」は、私が今まで見てきたベッドのなかでは群を抜いて「驚異のパワー療術ベッド！」といっても過言ではないでしょう。

院内に置くだけで、その場の空気を変えてしまうという点では今までに類のない〝波動ベッド〟だと思います。

療術院という場所は、どうしても〝マイナスの気〟が溜まるところです。西海先生は

「療術院はもっと磁場を上げるべきだ！」というのが口ぐせで、それがこのベッドで実現されたのです。

西海先生が感性で作り上げたと言われる、あのN式オルゴンボックスの理論が生かされた「オルゴンスリーパー」は、代替医療ベッドの革命と言えるでしょう。

④未来型ヒーリングベッド誕生！

（四十八歳　Y整体院）


西海先生から「波動ベッドが完成した」との電話をいただきました。

早々に駆けつけて、先ず目にしたのは、一見して何の変哲もない施術用のベッドでした。しかし、近寄って見ると、ベッド全体から溢れるようなすばらしい〝気〟が放射されているのを感じました。

ベッドに横になってみました。すぐにぬくもりを感じはじめ、それから一つ一つの細胞がマッサージされ、それらが合体して、うねるような動きを体感しました。

さらに十分後、十年前に柔道で痛めてとれなかった腰部の痛みが、より激痛になって現れました。しかし、二十分ほど経ってベッドを降りると、体全体が若返ったような感じで、あの十年来の激痛が嘘のように消えていたのには本当に驚きました。

二百万円のベッドがとても安く感じられました。

⑤三種の神器でボーテクリニックをオープン！

（四十八歳　K施術院）


ボーテクリニックを開業することになり、西海先生へ広告の件で電話を入れました。すると、広告の内容で「待った」がかかりました。

西海先生が「オープンを二週間ずらしてくれないか。世界初の温熱療法に、あと二つ世界初を加えたいから」と言われました。というのも、N式オルゴンボックス理論を応用した画期的なベッドを開発したからとのことでした。よくわからないまま福岡の総本部を訪ねました。

ベッドの製品名は「オルゴンスリーパー」。それにはバイタルウェーブが接続でき、体不調者の相談内容によって波形、周波数を設定できるとのことでした。

ベッドに実際に寝てみることになりました。丈夫な身体だけが私の取り柄と思っていたのですが、オープンの緊張や睡眠不足でかなり疲労気味でした。その旨を伝えると、私の体不調に合わせて、波形は正弦波（ノーマル）、周波数を六・九ヘルツに設定されました。

十分も経っていないのに、不思議と身体がほぐれていくようでした。「波形を三角波にして、波動を強くします」と言う西海先生の声が遠くから聞こえ、強い睡魔におそわれてしまいました。どのくらいたったのでしょうか、西海先生に起こされたときには「熟睡したなぁ」というのが実感でした。実験前は、体不調に近い状態でしたが、実験後はいつもより身体が若返ったような感じでした。

世界初の「バイタルウェーブ」「オルゴンスリーパー」「温熱療法」の三種の神器で、自信を持ってボーテクリニックをオープンすることができます。

⑥魔法のベッド

（五十歳　N・H施術院）

西海先生が以前から研究されていたベッド「オルゴンスリーパー」が開発されたと連絡を受けたので直ぐにグループの方々と先生のいらっしゃる研究所を訪れ、早速体験をさせていただきました。一見普通のベッドなのですが、近づくにつれ、すごいエネルギーを感じました。順番に寝かせていただいたのですが、温熱装置もマッサージ器もついていないのに、体験した皆さんが、「温かい」「ウォーターベッドみたい」「体の深部まで揺らいでいるみたい」等、感想を言われました。

私はこのところ連日、仕事が詰まっていて、睡眠不足の日が続き、体はだるく頭が朦朧としていました。オルゴンスリーパーに横になると、三十分程寝てしまいました。目覚めた瞬間、頭がスカッとして、体がとても軽くなっていたので「何だ！　これはすごい！私のヒーリングルームにぜひ必要だ！」と早速注文をして帰りました。

私どものヒーリングルームでも「魔法のベッド」と好評で、「腰が痛いから寝かせて！」「体がきついから寝に来たよ」「頭が痛いから魔法のベッドに寝かせて」等、本当に寝るだけで簡単で体が元気になるし、金額も安くて手軽だと喜んでいただいています。私どもも横になっていただいて、毛布を掛けてあげるだけなので、とても楽です。

どの位の効果があるのかなと思い、幾人もの使用前・使用後の〝経絡測定〟と〝キルリアン写真〟を撮りましたが、すべての方にいい結果が出ています。私のやっている朝晩の瞑想も、オルゴンスリーパーのおかげで、以前より一段と集中できます。

本当に先生の開発される製品はすばらしいですね。今度は何が開発されるか心から楽しみです。ありがとうございます。

⑦まるでイリュージョンの世界です

（三十九歳　O施術院）

初めて、オルゴンスリーパーを体験したときの驚きをお知らせします。感じ方は人それぞれでしょうが、とにかく私はびっくりしました。カッパーフィールド（アメリカのマジシャン）がベッドのなかに潜んでいるのかしら？　と思ったほどです。なぜかというと、見た目はオレンジ色の少し背の高い普通のベッドなのです。バイタルウェーブとの接続があるだけで、あとは電源もスイッチも何もありません。でも寝てみると、おでこのところにはそよ風みたいな心地いい風が吹いているし、背中がとても優しくマッサージされているような、ゆらぎを感じるのです。それに、本当に心地いい、とってもいい感じのあたたかさがあるのです。ウトウトしていると、宙に浮いている感じがして、今までに感じたことのない、とてもやさしい気持ちよさでした。違う空間にいるのかな？　と思ったくらいです。三十分後に起き上がってすぐは、ボーッとした感じでしたが、それが取れると、頭も体もすっきりと軽くなりました。あとから考えても、あの体験は何だったんだろう……本当に不思議なイリュージョンを体験したようでした。

⑧体がねじれた……

（二十八歳　Y・Y施術院）

オルゴンスリーパーでヒーリングをしてもらったときの体験です。

初めて受けたときは、左右の足の高さが全然違う気がして、片方がベッドの奥深く沈んでいるような感じがありました。先生に言って、タオルをめくって見てもらいましたが「ちゃんと揃っていますよ」と言われました。でも、ヒーリングが終わったときは感覚的にきちんとそろっているのです。もちろん体はすっきりと軽くなりました。

二回目のヒーリング時は、体が腰から上と下がねじれた感じがしたのです。まるで私が雑巾かタオルになって絞られている感じなのです。このときも先生に「私の体が腰からねじれてませんか？」と聞いて見てもらいましたが、やっぱりねじれていないそうです。その上、いつも痛みのある肘がものすごく重たく、痛さが増したのです。どうしよう……どうなるんだろう……と不安でしたが、こんな体感は生まれて初めてなので、ビックリするしかなく、なんとも言えないその不思議な体験を黙って感じていました。

しかし、ヒーリングが終わると全てが楽になり、ヒーリング前より体が軽くなっていました。

先生が「体の細胞を揺り動かしますよ」と言われていたのですが、最初聞いたときはピンときませんでした。ヒーリングを受けながらこの言葉を思い出し、確かに細胞を揺り動かされ、ヒーリングを受けると、細胞から元気な状態に生まれ変わってきているという感じが実感できました。はじめの六日間連続して受けました。以前は体がきつくて、続けて仕事ができない状態でしたが、今は別人になったように体が軽く、朝早くから夜遅くまで、立て続けにいろいろなことをしても、疲れないようになりました。私にはこのヒーリングしかない！　と心から思っています。開発された西海先生、クリニックの先生、クリニックのことを教えてくれた友人に感謝でいっぱいです。私も幸せを与える側（ヒーリングをするほう）になりたい!!　と真剣に考えています。

※医療機関等で検査してもらうことは必要です。そのうえで、ボーテクリニック等の指導のもとに、ヒーリングされることをお勧めいたします。
※プライバシー保護のため、体験談のお名前は、イニシャルまたは無記名とさせていただきます。
※体験談はご本人の感想であり、結果には個人差があります。

オルゴンボックスの構造理論から生まれた波動風水マット「オルゴンフィールド」

「オルゴンフィールド」は、N式オルゴンボックスの高次元波動システムを畳のなかに組み込んだものです。この製品は、気波動療術ベッド「オルゴンスリーパー」と同時に開発されたもので、基本的には家庭用ですが、施術用として採用されている療術院もあります。

オルゴンフィールド

開発の目的は、屋内の磁場を上げることによって、上質の気の流れを生じさせようというものです。これは、住宅環境科学であり、幸福招来科学でもあると思います。

我々凡人は、家、土地を財産と考えがちですが、本当にそうでしょうか。不幸を呼ぶ家もあります。

そのような家に三年も住むと、その家のもつ不運の波動が住人に充填《じゅうてん》され、不幸現象に遭いやすくなるようです。

住宅環境が人を育てる。これが、西海的陽宅風水の考え方です。

この問題は、私が気波動という世界に踏み込んでから以来のテーマです。

私が、ある大手化学メーカーの建築資材部門のなかにある波動研究会の顧問をしていたとき、常に話題になっていたことがありました。それは、これからの屋内はいかにあるべきか、という問題でした。壁質、壁紙、畳の縁の色、そして、模様。

大手企業はなかなかやっかいなところがあって、かりにトップが波動や運について十分認識していても、それが科学的裏付けや実証性がないと、現場は取り上げようとはしないものです。その反面、おかしなことに高層ビルの社屋の屋上には、必ず神棚が奉ってあるものです。

最近、工務店のオーナーから、気波動についての質問が増えています。中国で生まれた風水は、四千年の歴史を誇っています。風水では立体的に家をみるのに対して、家相では、平面的に家をみます。宮司《ぐうじ》さんは『地の気』の御祓いをします。これらはすべて、気、磁場に関係があります。

家を建てるときは熱心でも、どういうものか家に住み始めると、気、磁場に興味を無くしてしまうもののようです。

もう一度、申し上げておきます。家または部屋の気で人は育つものなのです。

さて、実証例に触れてみましょう。

「オルゴンフィールド（波動畳）」をどこに置けばどう変化するのか、実験をしてみました。

クローゼットに入れると、内側の湿気を取りながら、並べられた洋服には気波動の充填ができます。

押入れに入れると、寝具の湿気を取り、気波動の充填ができます。また、日干しにしたような感触になります。そのような寝具で眠ると、寝ている間に気の補給ができるのです。

では、畳の上に直接横になってみたら、どうでしょうか。

短い時間に筋肉疲労やストレス、肩や腰、膝の痛みを癒してしまうようです。使用時間は一時間以内です。

ただし、弱点もあります。ペースメーカーを付けられている方は、使用しないほうがよろしいでしょう。

寝室に置く場合は、足元のほうに置かれるとよろしいようです。陰気な部屋、湿気の多い部屋には霊障害が発生しやすいと言われ、このような部屋に置くのもいいでしょう。
また、客間に置くと活気が増幅します。部屋に活気が溜まると、それは、家族の方たちの開運につながっていきます。
私はアルコールがダメなので、よくわかりませんが、日本酒、ウイスキー、ワイン等は、畳の上に置いておくだけで、まろやかな味に変わるとのことでした。（ビールなどの炭酸系はダメなようです。注意してください）
施術院で使用されるときは、バイタルウェーブを接続されると、波動による様々な軽癒効果が期待できるでしょう。

オルゴンフィールド体験談

①「オルゴンフィールド」で布団と衣類に気を充填！

（四十八歳　主婦）

主人は昔から寝具にこだわる人でした。西海先生に相談すると、最近開発された「オルゴンフィールド」のことをお話になりました。押入れやクローゼットに敷くと、そのなかの布団や衣類などに、オルゴンエネルギーが充填できるとのことでした。マイナスの〝気〟が溜まる押入れや、クローゼットをプラスの〝気〟に変え、さらに部屋全体も浄化されるとのことでしたので、一も二もなく購入しました。エネルギー化した布団を使用して二週間程たった頃、家族、とくに祖父母の体不調が驚くほどに改善されてきたのです。

連休に泊まりにきた親戚から、「さわやかな風がふいてるみたい。なぜこんなに居心地が良くなったの?」と聞かれ、波動や風水にあまり詳しくない主人が一生懸命説明していました。

②「オルゴンフィールド」で部屋が浄化された!

（五十二歳　自営業）

我が家は五人家族です。夫婦で西海先生のセミナーに参加したとき、先生は風水についてお話をされました。家のなかで陰の〝気〟が溜まる場所をパワーアップすると、その家全体の浄化につながるということでした。波動にあまり興味のなかった主人も、先生のお話が面白いのか、一生懸命聞き入っていました。

今度、発表された「オルゴンフィールド」には、物品に〝気〟を充填し、場を浄化させる働きがあるということでした。早速、私たちは押入れ用、娘たちにはクローゼット用に購入しました。

二、三日たった頃、家の〝気〟が上がってきたのを肌で感じました。娘たちは、クローゼットのなかの衣類を着けると心地良く、一日中疲れがないということでした。私たちは「オルゴンフィールド」を押入れの上段に敷いていますが、驚いたことに下段に置いている衣類にも〝気〟のエネルギーが充填されているようです。今までにない体の爽快感を感じています。

追伸：この春、結婚に縁のなかった一番上の娘の結婚が決まりました。

（三十八歳　施術院）

③「オルゴンフィールド」は布団を進化させた！

私どもは医療施術院を営んでおります。

以前、生活活性研究所から気波動療術ベッド「オルゴンスリーパー」の広告が送られてきて、施術用に一台購入いたしました。主人は寝室にも置きたいらしいのですが、何せ高額なので、とても二台は無理です。

それに、西海先生にベッドのことを質問すると、寝具にするにはパワーが強すぎるので、長時間寝るのは禁止だと言われました。そして、そのかわりに、「オルゴンフィールド」で寝具をエネルギー化することを勧められました。

使用効果を聞くと、願ってもない製品だったので、すぐに購入いたしました。入退院を繰り返していた母も、オルゴン化した布団に寝るようになって体調が良くなり、私たち夫婦も熟睡できるようになりました。部屋のなかまでもパワーアップしてきたようで、とても明るく感じます。

主人は「風水の進化だね」と言うし、母は「布団の進化だね」と言っています。私は「健康は開運につながる」と思いました。

（四十五歳　主婦）

④家族内が風水で穏やかに！

『波動通信』で「バイタルウェーブ」のことを知り、カタログを取り寄せました。

最近、子どもたちがイライラして反抗しがちだったり、嫌なことが続いたりと、家庭内がゴタゴタ続きでした。

「バイタルウェーブ」のことで、西海先生とお話した際「オルゴンフィールド」のことをお聞きしました。風水はあまりわからないのですが、押入れがN式オルゴンボックス化されるのはすごいと思い、「バイタルウェーブ」と「オルゴンフィールド」を購入することにしました。

「バイタルウェーブ（波形を三角波）」に接続した「オルゴンフィールド」を押入れに敷き、家族全員の布団を入れました。また、西海先生から、家族間の円滑化をイメージしながら、布団の上げ下ろしをしてくださいと言われていましたので、常に心掛けていました。

使い出してから一週間たった頃でしょうか。押入れの湿気がなくなり、今まで重苦しい雰囲気だった部屋の空気が変わったような気がします。

さらに一カ月ほどたつと、笑顔のなかった子どもたちに穏やかさが戻り、寝つきが悪かった次女は熟睡できると嬉しそうです。家族それぞれに、今までとは違う明るさが出てきたようなのです。

家族が穏やかになれたことに、本当に感謝しています。風水が何千年も続いてきたのは、やはりそれだけの訳があるのだと夫婦で話しています。

⑤「オルゴンフィールド」で若返った！

（七十一歳　会社役員）

先般、西海先生をお訪ねして、納戸をN式オルゴンボックス化したいという相談を致しました。

お聞きすると、納戸全体だと、産業用N式オルゴンボックスくらいの高額になってしまうとのことでした。とても無理だと思っていると、西海先生から「今のご相談の件ですが、ご希望にそえるような製品が既に出来上がっていますよ」と言われ、その製品を見せていただきました。

「オルゴンフィールド」という製品でした。N式オルゴンボックス理論を応用した製品で、押入れやクローゼットに敷いて置くだけで、そのなかをN式オルゴンボックス化するというものでした。価格も従来のN式オルゴンボックスに比べると安価なので、すぐに大判を二枚注文致しました。

また、バイタルウェーブが接続できるとのことでしたので、波動調整とパワーアップのために、追加でバイタルウェーブも購入致しました。

納戸にオルゴンフィールド二枚を敷き、バイタルウェーブ（波形＝正弦波・周波数＝

六・九ヘルツに設定）を接続しました。

一週間ほどたった頃でしょうか。湿気がきれいにとれ、薄暗かった納戸のイメージがなくなりました。今では、我が家のヘルスルームになっています。周りから、「なんだか若返ったね」とか、「肌がツヤツヤしているね」と、よく言われるようになりました。肌だけでなく、精神的にもハリが出てきたようです。

（四十五歳　会社員）

⑥摩訶不思議な畳

「オルゴンエネルギーが吸着されている布団で寝ることができたら、何て幸福なことだろう！」と思っていました。オルゴンボックスに布団は入らないし、オルゴンマットは使っているけど、布団や掛け布団にも、吸着されているものを使いたいと思っていました。そこで、「押入れやクローゼット用のオルゴンフィールドが出る！」と聞き、大喜びで注文をしました。

届いたその日は、嬉しくてたまらず、座敷において、その上に寝たり、手をかざしたり、ストレッチをしたり、両親や子どもたちと気の感覚を楽しんで遊んでいました。その日は朝からお客さんが来たり、町内の寄り合いがあったりでとにかく忙しかったのです。家内は夕飯にスパゲティミートソースを予定していたようですが、時間がないので、ソースは缶詰を買ってきて、「どうせなら、宇宙エネルギー入りがいいわ！」と言って、買ってきたものを畳の上に片っ端から並べました。すると、そのミートソースは手作りのように美味しかったのです。子どもたちのポテトチップスもマイルドな味になっていましたし、父の日本酒もとても美味しくなっていました。押入れやクローゼットに入れる！　という概念しか私にはなかったので、新鮮な発見でした。

翌日は起きてすぐに布団をオルゴンフィールドの上に置きました。その日の晩は、寝るのがとても楽しみでした。寝てみると、干していないのにふわーっとして、さわやかな感じがしました。あまりの心地よさに、そのますーっと眠りに入り、熟睡できました。

オルゴンフィールドを押入れに置いていますが、私も家内も子どもも寝る前には必ず、翌日着る洋服を押入れに入れています。その服を着ると元気が出て、勘がさえ、一日を楽しく過ごすことができるのです。わが家ではオルゴンエネルギーが大活躍です。

※プライバシー保護のため、体験談のお名前は、イニシャルまたは無記名とさせていただきます。
※体験談はご本人の感想であり、結果には個人差があります。

妻の腰痛が生んだ「オルゴンマット」

家庭から生まれた発明品で、「実記の腰痛を治したい」という思いから生まれたものがあります。それが「オルゴンマット」です。

実記は毎日の育児のなかで、産後の腰痛に悩まされていました。息子をお風呂に入れるときはもちろん、授乳するだけでも、実記はその痛みに耐えてうなり声をあげていました。その声はこらえてはいるものの、ほとんど泣いているような痛々しい声だったのです。

朝起きるときも、腰に響かないようにゆっくりと姿勢を整えて、うなりながら立ち上がるというもので、相当ひどい状態だったのです。

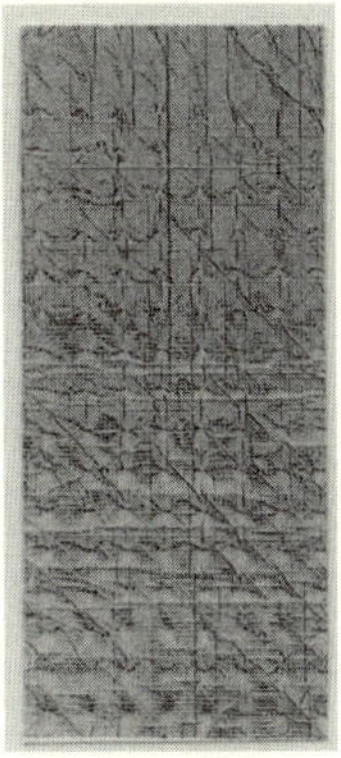
オルゴンマット

腰痛というのは、医者にかかってもなかなか治るものではありません。何か別の方法はないかと探しているときに、磁気バンドを使用している友人から、「腰に巻くと一時的に痛みが消えるよ。これをしばらく貸してあげよう」と言われ、借りることになりました。借りた磁器バンドを腰に巻いてびっくりです。ズシッと重いのです。これでは痛みが治る前にかえって腰を悪くしてしまいそうです。この磁気バンドは残念ながら友人にすぐに戻しました。

この一件で「よし、実記の腰を楽にするものをオレが作ってやる」と、またまた創作意欲がわき起こりました。

このとき私は腰に巻くバンドではなく、寝ている間にエネルギーを注げるような、マットを作ろうと思いました。思い描いた青写真は、アルミと銅の二種類の金属板を四層に重ねるという、ごく単純なものでした。私は早速それを作り、体裁よく和紙でくるんで完成させました。

その晩、実記はシーツの下にそのマットを敷いて眠りました。翌日、実記が起き上がるのを横目で見ているとスッと起き上がったのです。

「あら？　痛くない。スッと立ち上がれたわ」

実記は、腰の軽さに自分でビックリしたようです。ただこのマットは煎餅布団ならまだしも、ベッドの上に敷くとグニャグニャになってしまいます。そこで考えたのが、N式オルゴンボックスで気波動を転写した小さな半円球のガラスにアルミと銅を巻き、それをアウトドア用のアルミシートに包むというものでした。このように加工することで、変形しても、うまく復元できる柔軟性が保てるようになりました。これを原型にして、もっと軽便化したのが現在の「オルゴンマット」です。

これを発売すると、すぐに反響がありました。その一つをご紹介しましょう。

何かにつかまらなければ立ち上がることができなかった九十歳のお婆ちゃんです。このお婆ちゃんが、オルゴンマットを敷いた椅子に座って間もなくすると、一人でトイレに行って戻ってきたというのです。その後、お婆ちゃんは「あら、今私、つかまっていた？」と尋ねたというのです。もちろん、このお婆ちゃんが何もつかまらずに立ち上がったことは、言うまでもありません。

また、九州の熊本からは、奇跡的な例が寄せられました。医療ミスで寝たきりだった女性のふとんの下にオルゴンマットを敷いたところ、ほんの二十分で半身だけ動かせるようになったというのです。このほかにも、植物人間状態の人のベッドの下に敷いたら、体が少しずつ温かくなってきたという例もあります。

電位差のすごさを、このとき初めて実感した次第です。

オルゴンマット体験談

オルゴンマットで奇跡の生還

（四十九歳　主婦）

平成十三年六月二十日、主人が特定疾患の肺湿潤で救急病院に運ばれました。早々に、主治医から「会わせたい人には、連絡するように」と言われ、親戚筋にはもちろん、友人の板東さんに電話を入れました。板東さんはすぐに来院され、「よかったら試してごらん」と言って、金と銀の貼り合わせのオルゴンマットを持って来られました。板東さんと二人がかりで、主人のベッドの上に敷きました。

翌朝になって驚いたことに、昨夜は紫色だった唇がピンクになり、どろんとしていた目もしっかりとなりました。さらに酸素マスクのため話はできないものの、アイコンタクトがとれる状態にまで回復していたのです。

急な知らせを受けた親戚の人たちが次々にお見舞いに来られては「話が違う」と首をかしげながら帰られました。病状はまるで薄紙ならぬ厚紙をはがすような勢いで回復し、オルゴンマットを使用して三日目には、「刺身が食べたい」と食欲も出てきました。

一週間後にはリハビリが始まり、あれよあれよという間に、七月十二日完全退院になりました。

その後は健康人でさえ夏バテしそうな猛暑のなか、主人自ら運転してお見舞いのお礼にまわり、今では酸素ボンベも使わずに生活しています。私たち夫婦は、徳島の波動ショップ呵呵舎の坂東さんに感謝しています。

坂東さん、ありがとうございました。

※医療機関等で検査してもらうことは必要です。そのうえで、ボーテクリニック等の指導のもとに、ヒーリングされることをお勧めいたします。
※プライバシー保護のため、体験談のお名前は、イニシャルまたは無記名とさせていただきます。
※体験談はご本人の感想であり、結果には個人差があります。

気流画　ミステリーピクチュア

「ミステリーピクチュア」は、色や図形のもつ波動エネルギーを考えて製作されたものです。

図形には形状エネルギーがあり、それぞれの形にあった宇宙エネルギーが共振共鳴して、波動エネルギーが出ていると言われます。

色もまたしかり、前著『無限進化∞究極の波動器』でも書きましたように、色彩波動があり、その波動は心身を癒してくれるのです。東洋では陰陽五行という学問があり、西洋においてはカラーセラピーとしての医学的研究のなかで、それぞれに驚異の報告が寄せられています。

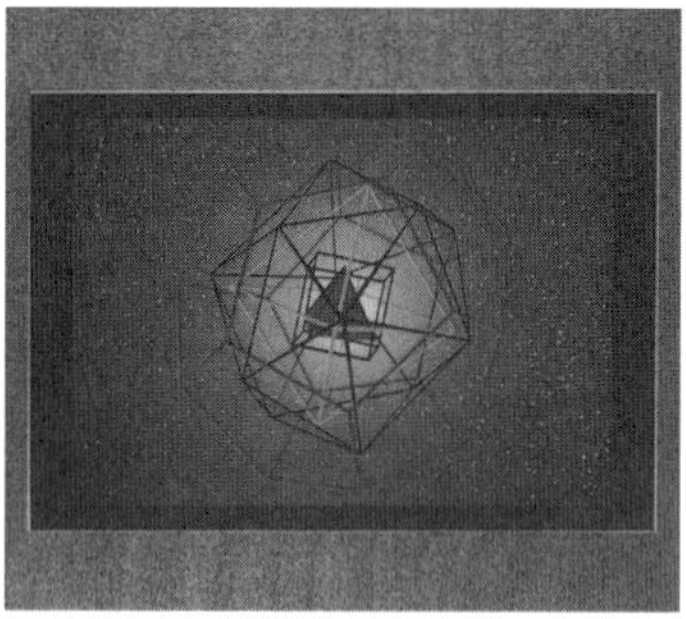
ミステリーピクチュアDX

わが国においては、四角の白地の中に赤丸、それは世界で最も美しい国旗と言われ、国民に精神的な強靭性、発憤性をもたらしています。
図案の祖は薩摩藩主、島津斉彬公です。国を想う島津斉彬公《しまづなりあきらこう》の思想がうかがい知れます。憂国の志ここにあり、というところでしょうか。
さてミステリーピクチュアの図形は、三角、四角、五角の三種を基本としています。中心は四角錐つまりピラミッドの図形です。

三角形は形状図形の原点、四角形は安定を誘い、五角形はパワーを放射する図形、特に五角形については、五芒星と言われ、世界の国々の国旗に使用されています。各国の治安維持関係の部所、極めつけはアメリカ国防総省（ペンタゴン）でしょうか。わが国では自衛隊、警察、消防関係のすべてにこの図形が使用されているのは、読者諸氏もすでにご存じのことと思います。

また、「六角形を使ってみては」というご意見もありましたが、「ミステリーピクチュア」の額縁のなかは、電位差を利用したエネルギーを発生させる集約図形（六角形）特殊システムが内蔵されています。さらにそのパワーをより強く拡散、放射することを目的として、絵のなかには、あえて五角形をもってきました。

そして、それぞれのパワーをより強力にするためには、平面図より立体図がよいと考えました。また、遠く小さく見える星の形をパワー図形の原点である三角形にしてみました。

色彩については、赤、黄、緑、紺の四色。カラーセラピーの観点からは、「赤はやる気、発憤、情熱、高温」「黄は明朗、開運」「緑は爽やか、癒し、金運」「紺は沈着、冷静、低温」を意味します。

この「ミステリーピクチュア」には、中国四千年の歴史をもつと言われている風水の特徴を取り入れています。

風水とは何ぞやと問われれば、私は風水とは気の流れを良くし、磁場のエネルギーを上げることを目的とした学問であると答えるでしょう。色を多彩に用いたのは、一枚の絵から出る色は多彩であっても、見る人の脳に到達するときは、その人が無意識のうちに欲する色をとらえると考えたからです。

この絵を部屋に飾った人々の体験談を集約すると、次のようになります。

○赤色に興味をもった人は、元気、やる気が出てきた。霊障から解放された。また、部屋のなかでのポルターガイスト現象が消えた。

○黄色に興味をもった人は、自分に変化を期待したとき、それが実現した。また、一般的には開運の効果がみられた。

○緑色に興味をもった人は、イライラした気持ちが消え、人前で笑えるようになった。経済面がアップした。

○紺色に興味をもった人は、ストレスから解放され、人間関係が良くなった。家族に落ち着きがあらわれた。

願望達成器でもあった

極めつけは、この絵にはもつ人の願望を叶えてくれるという性質があるようです。理論的に言えば、願望をこの絵に託し念じれば、内蔵された六角形が願望者の想念、思念をより強固なものにして、五角形で放射し願望者に返す。

また、より強くなった願望を六角形に返す。

これを繰り返すことで、願望が達成されるのです。想念、思念がより具体的なほど、願望を達成させる秘訣となります。

時間は三十秒。何で三十秒か、それはイメージを集中させるのに適した時間だからです。

体験談のなかでも、『祈願どおりの家が出来上がった』『結婚できた』『難しいと言われた大学に合格した』『ビジネスが成功した』『不況から脱出できた』など、皆さん信念を持って祈願をするようになってから願望が達成した、との報告も多く寄せられています。

ミステリーピクチュア不思議な体験談

①無意識のうちの願望が実現。社員食堂が穏やかに……

（六十歳　自営業）

私は、中小企業の社長です。ある時期、全社員に何となく落ち着きがなくなっていることに気づきました。その頃、不思議と、西海先生の『波動物語』の表紙が気になってしかたありませんでした。

最初は、イライラしていた長男が、この本を妙に気に入った様子でした。本の内容が気に入っているのかと思っていたら、どうも表紙を気に入っているようです。もしやと思い、表紙に使われているミステリーピクチュアを三枚購入しました。食堂に二枚、秘書室に一枚かけました。

二週間ほどしてから、変化が現れてきました。社内食堂はセルフサービスなのですが、片付けようという意識がないのか、今までは乱雑をきわめていました。ところが、絵の効果が出たのか、特に注意したわけでもないのに、自分たちできちんと整頓するようになったのです。また、いつも食事時は、食堂内がうるさかったのですが、いつの間にか静かになりました。その影響はさらに広がり、工場全体で整理整頓が徹底するようになったのです。よくよく考えてみると、それらはいずれも無意識のなかの私の願望だったのです。

②短時間で病院が変わった

（四十四歳　会社員）

公立病院の資材購買部の責任者だった私は、院長からあるグチをこぼされました。「あの病室は最悪で、いくら注意してもうるさい。それに臭う！」ということでした。何で私に、と思っている矢先、西海先生の著書を朝日新聞の広告で知りました。そのなかで見たミステリーピクチュアに興味をもち、早速購入しました。

その絵を、看護婦はもちろん患者にも何も言わず、今まで飾っていた絵と取り替えました。

それから三時間後、様子を見に行って驚きました。あれほど騒がしかった病室が静かなのです。病室には古株がいて、退屈紛れに、出入りする者だれかれ構わず話しかけたり、室内をウロウロしていたのですが、それすらなくなっているのです。三時間前がすごかっただけに、その静けさは驚きでした。それまでイライラしていた院長先生も、あまりの変わりように驚いていました。

私は、ただ飾られていた赤い絵（感情が高まり、多動的になる）をミステリーピクチュアに替えただけなのです。

③除霊に効果あり!?

（五十二歳　主婦）

私のマンションは十二階建ての八階です。北側の窓の下にはお墓があります。そのためか、家族全員のときは何事もないのですが、私一人になると、ドアやふすまがひとりでに開閉したり、八階なので外に誰もいるはずがないのに、窓をたたく音がしたり、誰かがいる気配がするのです。

元々、私が「ミステリーピクチュア」を購入したのは、除霊のためではなく、癒しと願望成就のためだったのですが、絵が送られてきて飾った途端、それまでのガチャガチャ、ガタガタというラップ音がピタリと止まりました。西海先生にその報告をしましたら、「お宅もそうでしたか、そのような報告は多いですね」とおっしゃっていました。心のなかで本当は除霊を希望していたのでしょうか。

④活力が湧いてきた

（四十三歳　会社員）

私は中間管理職に就いて早八年、今や、社内でもややコワモテの存在となっています。過日、新宿の紀伊国屋書店で、西海先生の『波動物語』を購入。帰りの電車のなかで、袋のなかに入った本を取り出して表紙を見ていると、疲れが抜けていくのを感じたので、なんだろうと思いつつ、左手を本の表紙の上に置きました。すると、寒さのなかで、温かいドリンクを口にしたときのような気分。帰宅すると、私の機嫌の良さに妻が「お帰りなさい。何だか上機嫌ね。何かいいことがあったの?」と聞いてきました。本を見せると、表紙を見ながら「不思議な絵」とつぶやきながら、黙って絵に見入っていました。

カタログを送っていただき、早々に一枚購入。DX型と言うだけあって、非常に立派な絵です。妻は毎日金運を祈願しているようです。私は出勤前に三十秒見つめ、元気で笑って、仕事しているわが身をイメージしています。最近気づいたことは、深呼吸を自然にしていることです。イライラ、ドキドキが消え、リラックスしている自分がわかります。

⑤癒されています

（五十五歳　会社員）

西海先生にアポイントをとって、事務所にお伺いしました。六階建てのビルでした。

先生の部屋に案内していただくと、入口に赤い龍の絵があり、奥に濃紺の絵がありました。「これが噂のミステリーピクチュアだ」と思い、見つめていると絵の中心に引き込まれるような感じでした。今まで私は、この絵は感性だけで出来上がったものかと思っていました。しかし、先生は一つ一つの形が発するエネルギーについてご説明くださり、色彩にもそれなりの波動があることを話されました。そして平面図形を立体的に組み合わせたとおっしゃっていました。

最後に、願望の達成法をご指導いただき、わが家に飾ることにしました。

疲れ果てて帰宅しても、リビングに飾ってあるこの絵を見ていると、疲れが抜けるのを感じます。妻は娘の登校時、左手を絵の中心に近づけ、右手で元気のパワーを送っています。

家族の笑いが多くなったように感じます。

⑥願望達成

（四十歳　会社員）

西海先生の著書『「気」驚異の進化』を拝見し、願望達成には、「ミステリーピクチュア」が効果的だと書いてありましたので、早々にカタログを取り寄せました。友人の気功師がカタログのなかのミステリーピクチュアを見たとき、「アッ！」と声を出しましたので、「どうしたの？」と尋ねると、「この絵から、気が出ている！」と非常に興味を示していました。生活活性研究所にその旨を尋ねると、「気がわかる方は、感じるみたいですね」と言われました。

送っていただいた「ミステリーピクチュア」に、朝晩ご祈願しました。絵の前に立つと、心が冷静になり、落ち着いてくるのがわかります。

祈願を繰り返しているうちに、集中力がついてきたようです。また、人間関係が良くなってくるのが実感でき、笑いが自然と出てくるようになりました。友人の気功師は、遊びに来たといいながら左手のひらを絵の中心に近づけ、気を充填しているようです。

⑦結婚できた

（三十六歳　会社員）

両親も老いてきたのか、独身の私を見てため息をつく毎日です。大阪の兄から不思議な絵だと言って、一枚の絵と『「気」驚異の進化』という本を送ってきました。製作者の指示通りに、家の北東に飾りました。願望が叶うということで、母は熱心に願掛けをしていました。最初は、たかが一枚の絵で人生が変わるものかと、腹立たしい思いでしたが、一カ月もたつと、絵を見るたびに、私の夫になるべく人物が絵に浮かんでくるようになりました。暗示か洗脳の類かと思っていましたが、その絵に浮かぶ男性の映像がどんどん鮮明になってくるのです。ある日のこと、大雨が降っていたのでタクシーを探していると、一台の乗用車が近づいて「大変でしょう、お乗りなさい」と声を掛けてくれました。普段は用心深い私ですが、そのときは「すみません」と言って無警戒に乗ってしまいました。家の前でお礼を言って、そのまま別れました。ところがその後、スーパーのレジで財布から小銭を落としたとき、拾ってくれたのが車に乗せてくれた彼でした。偶然二度会ったことも驚きですが、毎日映像に浮かぶ男性とそっくりだったことにも驚きました。その後、その方とのご縁をいただき、結婚することになりました。とても不思議ですが、今では母と

「ミステリーピクチュア」に感謝しています。

（二十八歳　会社員）

⑧絵は、万能風水画でした

知人に連れられて、大阪のあるセミナーに出席してみると、講師は西海さんという人でした。形や色について、絵から放射される波動について話されました。そして、絵から放射される波動の抜き取り実演。それは元気な子ども、仲の良い夫婦、幽霊、それぞれを白いボードに描いて、その絵の波動を取り出して体験させていただくというものです。「ギャッ」「感じる」「温かい」と場内は爆笑と興奮に包まれ、驚きと感動の世界でした。又、風水グッズは意識を引き出す誘発の道具であって、無感動の人間には無用の道具だとおっしゃっていました。

そして、お金がなくて時間が余っている方のためにといって、波動器の作り方をご指導くださいました。時間を延長してくださり、子ども、夫婦、仕事、それぞれの才能の伸ばし方、また霊についていろいろとお話くださいました。結論は「風水とは磁場を上げて、気の流れを良くすることだ」ということでした。

気流画ミステリーピクチュアのことがよく理解できました。

最後に、ミステリーピクチュアのパワーを全員に流していただき、それが体感できたときは、とても幸福な気持ちでした。

今では、私の寝室に飾っています。毎日、幸せな気持ちで生活しています。

※プライバシー保護のため、体験談のお名前は、イニシャルまたは無記名とさせていただきます。
※体験談はご本人の感想であり、結果には個人差があります。

第四章「無限進化∞究極の波動器」にむけて

究極の波動器を生んだ一言

以前、私は仕事に行き詰まり、辞めてしまおうかと悩んだことがありました。

悩んだ末、私は、日頃敬愛する七田先生のもとへご相談に伺いました。

この事は前著『無限進化∞究極の波動器』のあとがきのなかでも書いています。

七田眞先生は、わが国における右脳教育の第一人者であり、その存在は広く知られています。

お会いして、仕事の悩みや、発表せずに終わってしまうかもしれない波動器のことをご相談致しました。

実は「バイタルウェーブ」は、スムーズに製品化されたわけではなく、その構想はかなり以前からあり、納得がいくまで改良に改良を重ね、それでも時期尚早の感にとらわれていたのです。そのことを七田先生に相談致しました。

七田先生は親身になって聞いてくださいました。

そして、七田先生が言われた言葉のなかに「西海さん。これからのカラーの時代に備えなさい」という一言があったのです。七田先生の言葉は淡々としていましたが、心の琴線に触れるものがありました。

その言葉を聞いたとき、私の魂が揺さぶられたのでしょうか。心のなかのもやがすっと取れ、仕事を辞めようと思う気持ちもなくなっていました。帰路の飛行機のなかで「バイタルウェーブ」の製品化を決心し、新たな事業の展開を予感したのでした。

七田眞先生の存在や、言葉から受けた大きな波に乗り、私の事業は新たに船出したのです。そして、確信したのは、〝存在すべきものは、時期が来れば必ず存在するようになる〟ということでした。

「バイタルウェーブ」は発表後、東洋医学をはじめとして、西洋医学業界からの引き合いも多く、改めて七田先生の洞察力に感服いたしました。

もしも、あの一言をいただけなかったら、「バイタルウェーブ」は未だ陽の目を見ずにいたのだと思います。

色彩波動　驚異のエネルギー

私たちは普通、色というものは、視覚によって認識すると考えています。ところが、実際は目だけでなく他の感覚でもとらえることができます。ただ、そのことを認識していないだけなのです。

有名なヘレン・ケラーの自伝を読むと、彼女は色を認識することができたようです。目も見えず、耳も聞こえず、言葉も話すことができなかった三重苦の彼女が、どうして色を認識できたのでしょう？　もしも、色が目で見る以外の認識方法がないとしたら、ヘレン・ケラーは永遠に色というものを認識できなかったはずです。

私が読んだ本のなかに、こういう実験報告がありました。

五感にまったく問題のない成人が被験者です。

まず、彼に目隠しをしてもらいます。あらかじめ生理的反応を正確に計測するために、脳波計、筋電計、血圧計を装着してもらいました。彼には用意した二つの部屋に入ってもらいます。一つは、部屋の壁全体を赤く塗った「赤い部屋」。もう一つは、部屋の壁全体を青く塗った「青い部屋」です。

被験者は、この部屋のことはまったく知りません。そのうえで、それぞれの部屋に入り、しばらく部屋のなかにとどまってもらうという、それだけの実験でした。

ところが、結果は大変興味深いものでした。

結果を申し上げる前に、読者の皆さんに、ちょっと考えていただきましょう。

もしも、色というものを視覚でしか認識できなければ、どちらの部屋に入っても生理的反応はまったく違いはないはずです。

しかし、赤い部屋に入った彼は筋肉が緊張し、体表温度が上がってきて発汗し始めました。室温が、暑くも寒くもない適温に設定されているにもかかわらず、このような身体的変化を起こしたのです。

一方、青い部屋に入った彼は別の反応を示しました。

筋肉は逆に弛緩し始めて、体表温度も発汗も、入室前と特に変化は見られません。落ち着いた状態を保っています。

この実験からわかることは、人間は色を視覚以外でも感じて、生理的変化を示すということです。

ロンドンのある工場では、生産性が上がらずに大変困っていました。女性労働者の欠勤がとても多いのです。調査を依頼したところ、工場のなかで使っている青い照明が原因と判明しました。青い照明が、みんなの顔を病的に青白く見せていて、そのため本当に体の具合が悪くなって、欠勤する人が続出したのです。

そこで、工場の壁を灰色から明るいベージュ色に塗り替えました。すると、青い照明は中和されて、みんなの顔色が病的には見えなくなりました。その結果、欠勤は大幅に少なくなり、ビックリするほど生産性が上がったということです。

ある喫茶店では、壁が青い色に塗られていました。室温が二十二度に保たれていたにもかかわらず、お客様や従業員が寒気を訴えました。そこでマスターは、室温を二十五度に上げました。ところが、まだみんな寒気を訴えるのです。

そこで、壁を明るいオレンジ色に塗り替えたところ、同じ二十五度なのに、一転して、みんなは暑いと言うのです。もとの二十二度に戻したところ、ちょうど良く快適になったということでした。

ある色彩療法を研究している学者は、色彩は単なる心理的効果ではないと、次のように言っています。

「色の効果は、ただ心理的なものばかりではない。色は発散するエネルギーの波長ととらえる必要がある」

このような色のもつエネルギーを、ヒーリングのために用いたのが色彩療法です。色彩療法を、古くから人類は活用してきました。

例えば、紀元前十六世紀の頃のパピルスに、古代エジプト人が、色彩療法を用いたと記録に残っています。また、約二千年前に書かれた中国最古の医学書「黄帝内経《こうていないきょう》」のなかに体の一部の色を見て、病気の診断をしていたことが記録されています。

科学的に見れば「色」は、太陽の光から生じる電磁波が作り出すものです。近頃では、電磁波というと、家電やコンピュータなどから発し、有害であると言われています。しかし、すべての電磁波が有害なわけではなく、家電などから発せられる電磁波が人体に有害である、ということなのです。太陽の光は、むしろ体にいい周波数を持っています。

太陽の光を十分浴びていない植物は白く弱々しくなります。人間でも、部屋のなかに引きこもって太陽の光を浴びないでいると、顔色は青白くなり、精神にまで変調をきたすということもあるようです。

エドワード・ポドロフスキーという医学博士は、太陽が地上のすべての本源であり、すべての生き物が必要とする二つの力の（光と熱）源であることを、次のように指摘しています。

「プリズムを通して太陽光線を分析したニュートンは、光線が多くの色からなっていることに気がつきました。……太陽光線は、可視と不可視の、あらゆるスペクトルの色が結合されたものである。

古来から、太陽は健康の源であることが知られていた。太陽崇拝が、原始宗教において広く行われていたのもそのためだろう。日光浴は、はるか古代にさかのぼり、すべての生物が好む健康法である」

また、光と熱の健康効果について、医学博士のW・B・スノーは、「新陳代謝に作用する光と熱の効果は、細胞の働きを促進し、汗腺からの排出を高め、血流を良くし、……こうして末端の栄養と排泄機能を改めることにある。……このような効果は、自然の源（太陽）と人工的源（ランプ、フィルター）からくるヒーリング作用を物語る」と言っています。

このように、人類の生命の源ともいえる太陽は、自然がもたらした最大の色彩療法のヒーラーと言えるかもしれません。人間は、気がつかないうちに、太陽のカラーセラピーを受けていたのです。

誰でも活用できる生命エネルギー

私の生命エネルギーを活用する技術と、先達が長年研究を重ねてきた色彩療法を組み合わせ完成したのが、「西海式オルゴンカラーヒーリング」なのです。

そして、ヒーリングに最も大事なことは、ご自身あるいはご家族が思っている病気を治したいと思う、祈りにも似た気持ちなのです。

私は人生の谷を何度も体験してきた人間です。それでも、こうして生きていられるのは、どんなに厳しい状況にあろうとも、望みを捨てなければ必ず活路は見出せることを体験してきたからなのです。

医者から「今の医療技術では、治る見込みはありません」と言われた人。いくらヒーリングを受けても少しも病状が良くならない、もうだめだ、と絶望している人。希望の火は消さないでください。

自分で何とかしようと立ち上がった人には、必ず手が差し伸べられるはずです。

色彩のすばらしいエネルギー

人間は七つの見えない体を持っている

人間はエネルギーの集合の仕方により、見える肉体から見えない肉体まで、「肉体プラス見えない肉体」を七つ持っていると言われています。

肉体から外に向かって七つの層を形成しているのです。

一番目がエーテル体（生体層）。実際の肉体とまったく同じ形をしている見えない体。肉体を作るときの型の役割を果たしていると言われています。赤外線カメラで捕えることができます。

二番目はエモーショナル体。私たちを取り巻く感情や感覚の場と表現されます。

三番目はメンタル体。コーザル体とも言われます。思考や精神的プロセス、視覚的イメージなどが属しています。

四番目はアストラル体。心臓と直感に関係しています。

五番目はエーテル・テンプレート体。エーテル体を完全な形にするための情報を含んでいると言われています。

六番目がセレスティアル体。

七番目がエーテル体。

このように私たちの体は、肉体以外に七つの体を持ち、物理的な肉体に影響を及ぼしているということが重要なので、憶えておいてください。

見える肉体でも見えない肉体でもエネルギーは絶えず動いています。このエネルギーの流れがスムーズにいかなくなると、その不調和な状態が肉体上に現れてきます。

これを一般には、『病気』と言っているのです。

エネルギーセンターとしてのツボとチャクラ

生命エネルギーは体内を流れるとき、流れに沿って何百という小さなエネルギーの渦を作ります。これが、中国医学で言うところの経絡であり、経穴（ツボ）のことです。経穴は、エネルギーの流れを調整する弁のような役割を果たします。ですから、ここに針や灸、あるいは手技を施すことによって、体内の生命エネルギーの循環に目覚しい効果をもたら

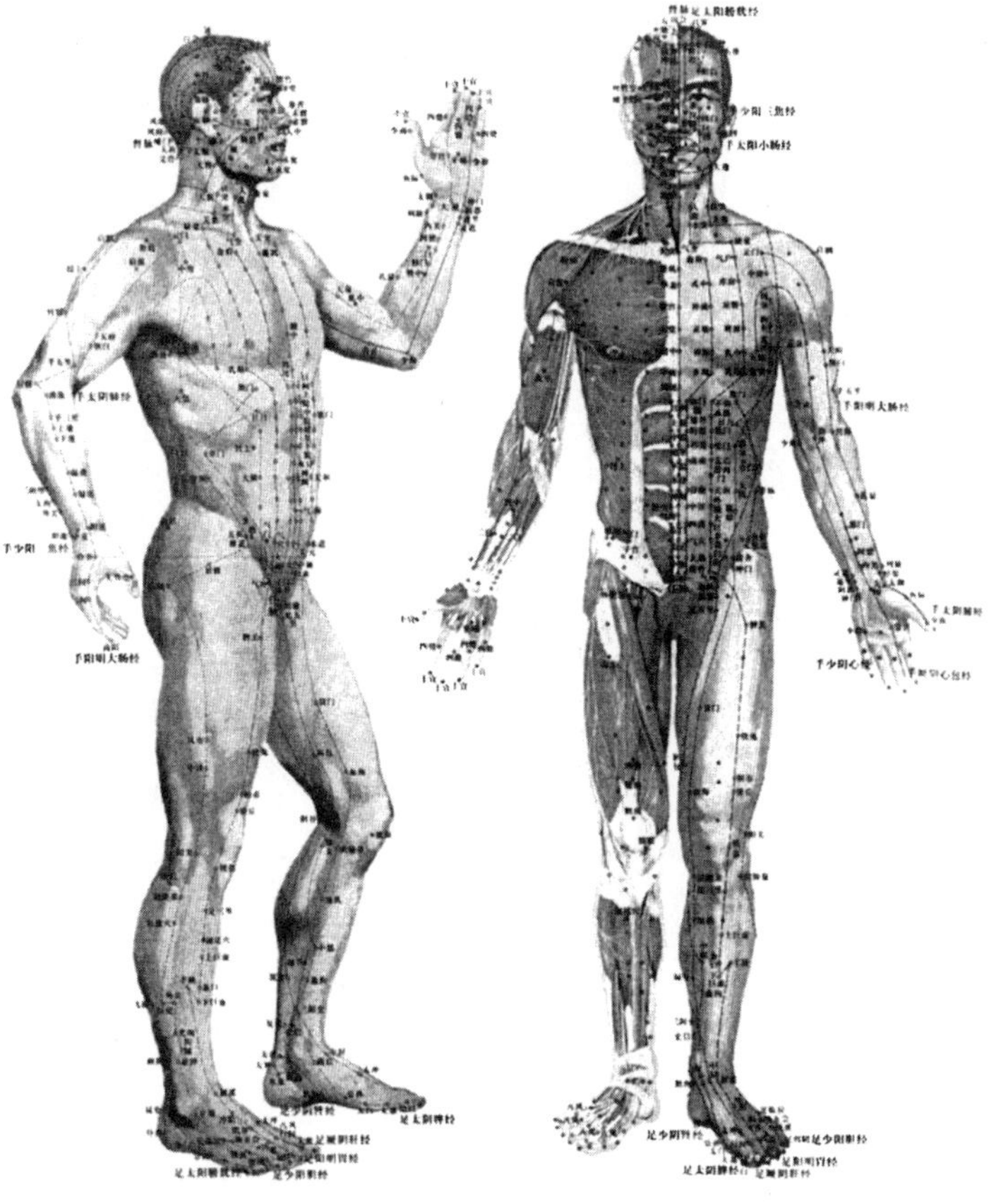

経穴、経絡図

すのです。

体の表面には、このように何百という数のエネルギーポイント（ツボ）が存在します。ここは、体表の他の場所よりは導電性が高く、電流の振幅が大きいことがわかっています。ツボは、いわば体のなかの小さなエネルギーセンターと見なすことができます。

また、人体には、もっと大きなエネルギーセンターが存在します。その大きなエネルギーセンターは、電磁的活動の中心であり、生命エネルギーを蓄積し、循環させる役割を果たしています。このエネルギーセンターのことを中国の道教では「丹田」、ヨーガでは「チャクラ」と言います。カバラでは「生命の樹」の中心と言われています。

チャクラは、体の中心を通る正中線の上に存在し、骨盤底部から頭頂部に至る七つの主要なセンターです。心臓はその真ん中にあります。人間にとって、心臓は脳よりも重要であり、存在の中心に位置しています。

二十世紀の有名な神秘家アリス・ベイリーは、

「心臓に存在する魂は、ポジティブなエネルギーの中核であり、これにより、体のすべての原子が正しい場所に保たれているのです」

と言っています。

チャクラ	チャクラの位置	影響する体の器官
第一チャクラ	会陰部	泌尿生殖器系
第二チャクラ	へそのすぐ下	泌尿生殖器系
第三チャクラ	みぞおち	消化器系
第四チャクラ	心臓	循環器系
第五チャクラ	のど	呼吸器系
第六チャクラ	額	中枢神経系
第七チャクラ	頭骨頂部	中枢神経系

チャクラと影響下にある部位

チャクラは、エネルギーの球のようなもので、エネルギーが体から出入りするための入り口、あるいは通り道の機能を果たしています。

そして、各チャクラは、人間の生理の特定の部分を司り、エネルギーをもたらす働きをしています。

チャクラと影響下にある部位について、上の表および次頁以降に示しておきます。

チャクラから発せられるエネルギーを測定する装置がありますが、これはチャクラが発する光の量を計測するものです。しかし、チャクラがそれ自体でエネルギーを発するわけではありません。チャクラは、高次の生命エネルギーを、物理的な三次元で、利用可能なエネルギーに変換する装置なのだろうと思われます。

よくセラピストが、具合の悪い人をヒーリングして

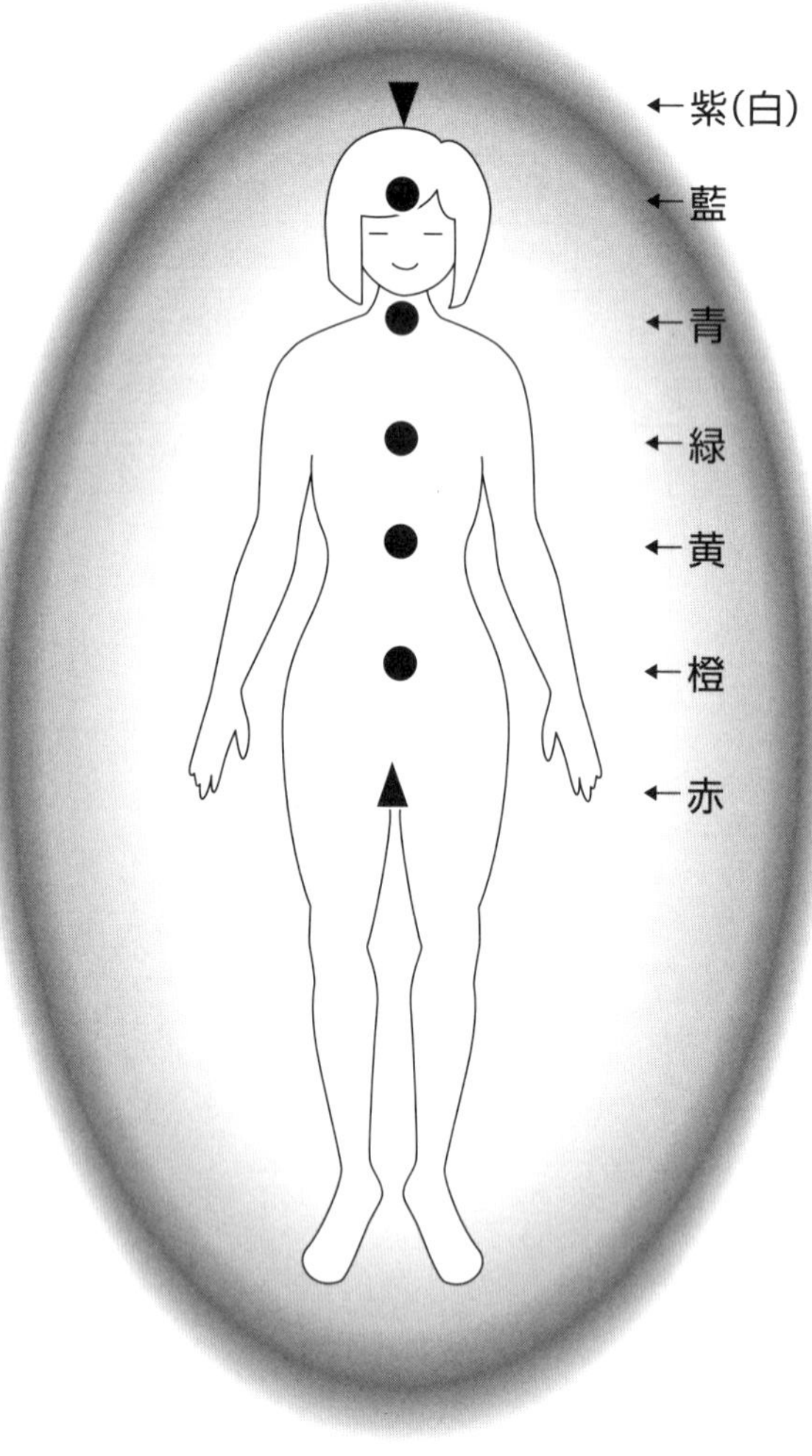

チャクラと色

チャクラ名（梵語）	色	位置	身体	腺	人間関係と感情	元素
第七チャクラ（サハスラーラ）	紫（白）	頭頂部	筋肉系、骨格系、皮膚	松果体	人生に対する信頼、価値観、倫理、勇気、人道主義、自己犠牲の精神、大きなパターンを見る力、ひらめき、信心、霊性、献身	空虚
第六チャクラ（アジーナー）	藍	眉間	脳、神経系、目、耳、鼻	脳下垂体	自己評価、真実、知性の力、人の考えを受け入れること、経験から学ぶ力、感情の成熟度	光
第五チャクラ（ヴィシュッダ）	青	のど	喉、気管、首の骨、口、歯と歯ぐき、食道、上皮小体、視床下部	甲状腺	意志、選択の力、自己表現、夢を追うこと、想像力、中毒症状、価値判断、批判、信心、知識、決断力	気
第四チャクラ（アナーハタ）	緑	胸の中心	心臓、循環器系、肺、肩、腕、あばら骨、乳頭、横隔膜	胸腺	愛と憎しみ、拒絶感、反感、悲しみ、怒り、自己中心性、寂しさ、コミットメント、許し、慈しみの心、信頼、希望	風
第三チャクラ（マニプーラ）	黄	みぞおち	下腹部、胃、小腸、肝臓、胆のう、腎臓、膵臓、脾臓、背骨の中心部分	副腎（膵臓）	信頼、恐れ、脅迫、自尊の念、自信、自分や人を大切にする、決めたことに対する責任、批判への反応、個人の尊厳	火
第二チャクラ（スヴァディシュターナ）	橙	下腹部臍の数cm下	性器、大腸、脊椎下部、骨盤、盲腸、ぼうこう、臀部	膵臓（性腺）	避難、罪悪感、お金、セックス、力支配、創造性、人間関係での倫理、尊厳	水
第一チャクラ（ムーラダーラ）	赤	性器尾てい骨部	身体の構造部分、背骨の底部、脚、骨格、両足、直腸	性腺（副腎）	家族、集団の安全、物理的存在に必要なものを提供する能力、自分自身のために立ち上がる力、安心感、社会、家庭の掟、法と秩序	地

チャクラの性質

あげて、セラピスト自身の具合が悪くなってしまう話を聞きます。これは、セラピストのエネルギーが、エネルギーの低いほうに取られてしまうからなのです。本来のヒーリングは、マイナスのエネルギーを地面に放出して、プラスのエネルギーを枯渇している人に提供することです。チャクラのエネルギーがうまく変換できれば、無尽蔵にある生命エネルギーを活用できるので、具合が悪くなってしまうことはないのですが、かなり熟達したヒーラーでも、これがうまくいかないことがあります。

生命エネルギーを構成する五つの元素

東洋的観点からすると、宇宙を構成する生命エネルギーを「元素」という別のとらえ方が可能になってきます。

インド伝承医学のアーユルヴェーダの考え方からすると、元素は地・水・火・風・空の五つに分けることができます。

この五つの関係について、植物を例にとって、わかりやすい説明があるので引用してみましょう。

「根は、密で最下部にあり、地に接しているので地に該当する。樹幹と枝は、水と樹液を運ぶので水に相当する。花は、光と色を表すので火に該当する。葉は、そのなかを風が通ってゆくことから風と言い、実は植物の微妙なエッセンスであることから、空である。種は五大元素すべてが入っていて、完全な植物を生み出す潜在性を有している」(『あなたを変えるカラーセラピー』リンダ・クラーク著　林陽訳　中央アート出版社刊)

世界各地のエネルギー医学では、五つの元素の関係に注目しています。つまり、五つの元素のバランスがうまく保たれて、淀みなく流れていることが、人間でいえば健康であり、よりよく生きることなのです。逆にいえば、このバランスがうまく保てずスムーズに流れていない状態が、病気や不幸という現象につながっているのです。

色彩のもつヒーリングパワー

カラーセラピーを色彩の心理的効果と考える人がいます。もちろん、色が心に及ぼす影響というものを無視することはできません。しかし、これでは色のもつヒーリングパワーの、ほんの表層を理解したに過ぎません。

色は波動です。波長の長短によって、網膜がキャッチする色彩は異なってきます。人体も、細胞一つ一つは異なる波動をもっています。各器官や部位によっても、それぞれ異なる波動のグループとして形成されます。それが、全体として調和され、大きな集団としての肉体を形成しています。

また、見える肉体に対応する見えない肉体（スピリチュアル・ボディ）もまた、それぞれが異なる波動グループを形成しています。

人が健康であるとき、あるいは運気が向上しているときは、それぞれのグループが調和的です。しかも異なる波動グループが集まってできている全体も、また調和的になっています。ところが、マイナスの意識や思考を抱いたり、肉体的に悪い影響をもたらすと思われることをすると、波動のグループのなかに不協和音が生じ、調和的ではなくなってきます。するとと、病気やストレスとなります。さらにノイローゼや精神的な病、あるいは不運な現象が起きたりするのです。

このような不調和に対し、色の波動を用いて調整することが、カラーセラピーなのです。色は私たちの生活のなかで、気づかないところでヒーリング効果を発揮してくれています。

昨今ブームになっている風水も、色や形の力を用いて空間の調整をし、健康効果や開運をはかっているのです。

色の効果は絶大です。

しかし、色の力を最大限に発揮させるのは、色の力にさらに気波動エネルギーの力を付加することです。それによって色のパワーを増幅させ、思いもよらないすばらしい現象を引き起こします。具体的な例については、後述の体験談をご参照ください。

カラーヒーリングの歴史

《カラーセラピーの開祖・バビット》

カラーセラピーは、十九世紀後半から二十世紀の初めにかけて、アメリカ生まれのエドウィン・バビットが、「カラーセラピーの開祖」と言われています。

バビットは、晩年には、アメリカで「カラーセラピー学院」を創設し、カラーセラピーのブームを生み出した、ということです。

バビットは、一八七八年に『光と色彩の原理』という本を発表して、色と体不調の関係を初めて体系化しました。

その理論によれば、ヒーリングに使う色は赤と青の二色。赤は活性化の色、青は鎮静化の色と規定されていました。

体の機能が低下して血行が悪くなり、体温が下がって顔色の悪い人には赤を使います。反対に、熱があって顔が赤かったり体に腫れや炎症があるなどの場合は、青を使います。このように「沈静化するための青」、「活性化するための赤」というふうに体不調部分と色の関係が明確に分けられていました。

ヒーリングには、南側に窓のある真っ白い壁の部屋を使います。

体不調を訴える人の症状に合わせて、窓に赤か青の色のついたガラスを貼ります。つまり、外からの太陽の光によって、白い壁の部屋は「赤い部屋」か「青い部屋」に変わることになります。このなかに、体不調の人を裸で入れておくのです。

これが、バビットのヒーリング方法でした。

また、局部の麻痺や痛みなどに対しては、色ガラスのレンズを用いて体不調部分に光を当てるのでした。レンズは、理科の実験に使うフラスコのような形をしていて、中に水を入れて用います。

例えば、お腹が痛い人がいれば、この水の入ったフラスコ様のレンズを痛いところの上に乗せ、うまく調整して体不調部分に光が当たるようにするのです。

実際にバビットは、いろいろヒーリングを試しても良くならなかった十二歳になる息子に、このヒーリングを施して脚のマヒを見事治してしまったのです。しかもその後、再発しなかったといいます。

《ディンシャーのスペクトロクロム》

その後、カラーセラピーを発展させた人にインド人のディンシャー・ガディアリとアメリカのスピットラー博士がいます。ディンシャーは、バビットの考え方に影響を受けているようです。

ディンシャーは科学の造詣が深く、物理、化学、数学、電気に精通していました。その豊かな科学の知識を動員して症状ごとに色を使い分けるパターンを発見し、独自のヒーリング理論を完成させました。

それを「スペクトロクロム」といいます。太陽の光が皮膚を通して、人体に有効に働くことを利用したのです。

まず彼は、生物の基本である元素が活性状態にあるときには、固有の周波数のスペクトル線を放射していることに着目しました。そして、元素ごとに一番強く発している光を見つけ出し、体内の機能と関係づけてヒーリングに使う色のフィルターを考案したのです。

この理論に基づいた「スペクトロクロム」を実際のヒーリングの現場に持ち込み、基準となるパターンを発見していき、「スペクトロクロム測定法百科」としてまとめました。

このヒーリングを実際に行った人や受けた人の間では、数々の実証例が挙がっています。

《スピットラー博士のシントニクス療法》

医者であるスピットラー博士は、生理学的に人間の体が光に対してどのように反応するか、という点に注目しました。

そして、体のタイプに応じたヒーリングの方法を発展させ、目を通して体をヒーリングする「シントニクス」を完成させたのです。

博士はまず、ウサギで実験を行いました。

ウサギをグループに分け、まったく同じ生活環境に置きました。ただグループごとに異なるのは、環境に放射されている色だけです。

こうして観察していると、大変興味深い結果が出たのです。

エサも水も生活環境もまったく同じであるのに、脱毛、体重の変化、白内障、消化不良、不妊症など、グループごとに、それぞれ体の異常が現れたのです。

異なるのは、光の色の違いだけです。

そこで博士は、自律神経と内分泌系に与える光の影響について研究を重ねました。

この二つを司っている脳の視床下部という領域が、実は眼と密接につながっていることを発見したのでした。

そして、病気は神経系と内分泌系におけるバランスが崩れて起こると博士は考えました。

もし眼から入った異なる波長の光が脳のコントロールセンターに働きかけることができるなら、バランス回復にうまく生かすことができるのではないかという仮説を立てたのです。

さらに研究を続け、異なる波長の光を目に通す実験を重ねた結果、視覚の機能不全に影響する元を突きとめることができたのです。

この理論をベースにしたのが「シントニクスヒーリング」なのです。

その後、博士はシントニック・オプトメトリー大学を創設し、このヒーリング法は眼科学の分野で半世紀以上にもわたってヒーリングに利用されてきました。

《リバーマン博士の視覚療法》

スピットラー博士の研究を引き継いだのがリバーマン博士でした。

博士は、眼科医として開業するかたわら、「オープン・フォーカス」という独自の視力改善方法の研究を続けていました。意識して物を見ないようにすることによって、視力は回復するという理論です。

この理論の元になる、二つの光にまつわる体験がありました。

一つは、ある弱視の女の子をヒーリングしているときでした。片方の目の視力は矯正しなくても一・〇であるのに、もう一方の目は矯正しても〇・一しかないのです。この極端な状態に対して、今までにない新しいヒーリングを試みることにしました。

いい方の目に光をパッと当てる。するとその光は脳に伝わり反対側の悪いほうの目の神経を刺激して、ヒーリング効果をあげるかもしれないという試みでした。効果は予想以上で、わずか五回のヒーリングで悪いほうの目も一・〇まで視力が回復したのでした。

もう一つは、あるパーティで体験したキルリアン写真でした。キルリアン写真とは、人間の体から出ているエネルギー、いわゆる「気」や「オーラ」を撮影できる特殊な写真のことです。

博士は、半信半疑で自分の両手から出ているエネルギーを撮ってもらい、その驚くべき写真を目にしたのです。人体が光を放つばかりでなく、その光は心の持ち方や体調によっても変化することがわかりました。

この二つの体験から、博士はより一層光に興味を深め、研究を重ねて、ついにヒーリングの現場に自身の理論を持ち込んだのでした。

最初の体不調者は、視神経疾患で視力を失っていた母親でした。今まで、さまざまなヒーリングを施したにもかかわらず、一向に改善の兆しがみられません。博士は、自分のうち立てた理論に基づいて、青緑色の光を母親の目に照射しました。これを何度も繰り返すうちに、いままで少しも回復しなかった視力が、どんどん良くなってくるのです。

しかも視力が回復しただけではなく、気持ちに張りが生まれ気分が高揚してきた、というではありませんか。失われていた視力が回復したという心理的効果はもちろんのこと、生体に対する効果があったからこそ気分が高揚してきたのではないでしょうか。

その後の研究で、シントニクスが体と心に良い影響をもたらすことが数々の臨床例から証明され、今日、ガンや血液の病気、精神病やエイズにもヒーリング効果が認められています。

《オット博士の蛍光灯の実験》

アメリカのオット博士は、光が人間に与える影響を調べるために、フロリダの小学校を使って興味深い実験を行いました。

二つの教室を使い、一つの教室には太陽光に近いスペクトル光の蛍光灯を、もう一つの教室には一般的なクールホワイトの蛍光灯をそれぞれ取り付け、生徒たちの行動を観察しました。

つまり、光が人間の行動にどのような影響をもたらすかという実験でした。その結果、二つの教室の生徒の行動に、歴然とした差が現れたのでした。

スペクトル光の教室では、生徒の態度が良くなり、教室の雰囲気も良くなり、成績も上がってきたのです。一方、クールホワイトの教室では生徒の態度が悪くなりイライラしたり注意力が散漫な生徒が増え、教室の雰囲気も悪いものに変わってきました。さらに、生徒の虫歯の数も、前者では虫歯が三分の一に減り、後者では増えていたのです。

このように、光は人間の生理と精神の両方に大きな影響をもたらすことが、ますますはっきりしてきたと言えるのではないでしょうか。

究極の波動器「バイタルウェーブ」

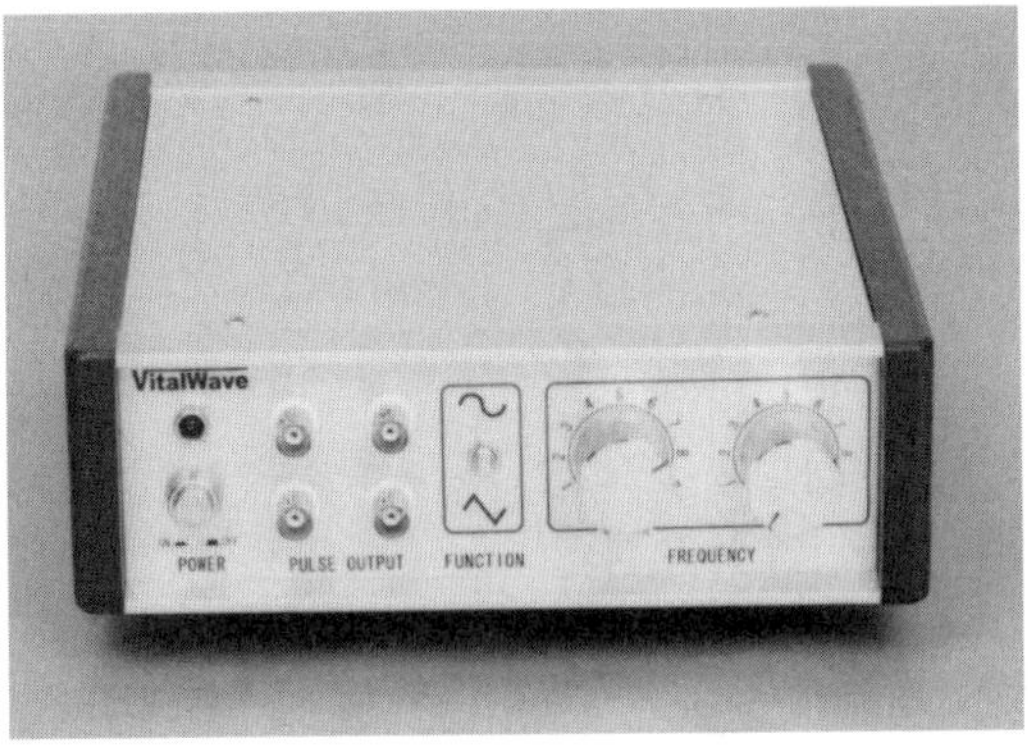

バイタルウェーブ

「バイタルウェーブ」の基本的な使用方法

「バイタルウェーブ」とは、気の波動エネルギー発生機器です。

体不調者へのヒーリングや、波動を浄化させるための「波形」、「周波数」の設定ができます。

この機器は、大きく分けると二通りの用途があります。色彩波動への使用と、空間波動への使用です。

① **〈色彩波動への使用〉**

波形・周波数を設定し、白色を基本としたカラーLEDポインターを接続します。八種類のカラーフィルター（赤、橙、黄、黄緑、緑、青、青紫、紫）を適宜取り付けて、体不調個所に照射することで、体不調を軽癒する効果が期待できます。

② 〈空間波動への使用〉

波形・周波数を設定し、他のエネルギー製品と接続することで、それらの働きを増大させ、空間を浄化・改善する効果が期待できます。またオリジナルの波動製品を作ることもできます。

「バイタルウェーブ」は波動周波数を調整する

波動は、粗い周波数から微細な周波数まで、無限といってもいい周波数をもっています。過去の幾多の叡智は、物質がもつ固有の周波数から肉体の周波数、高次のエネルギーの周波数まで、さまざまな試行錯誤や理論によって、それらを確定してきました。

私たちは、そんな過去の人々が積み重ねてきた知恵と、今の先端技術の両方を活用する環境にいます。

今、私は、この二つの優れた知恵と技術を用いて、人に有益な「バイタルウェーブ」を製作しました。

「バイタルウェーブ」は、小さいながらも万能かつ驚異の機器なのです。

人間の体は、臓器や血管、骨や神経の単なる集合体ではありません。バラバラに解剖した身体パーツを元通りにしても、壊れた時計を修理して動き出させるようには生き返らせることはできません。

それは、人間が、「気」のエネルギーをもった存在だからです。

つまり、死んだ人間と生きている人間の違いは、生命を成り立たせている「気」のエネルギーが存在しているかどうかというところにあります。

しかも、それは各細胞レベルで固有のエネルギーをもっています。それが集まって各器官を形作り、それらが集合して生命的身体を作っています。各器官も固有のエネルギーレベルを持っています。これは言い換えると、固有の波動をもっているということです。固有の波動は固有の周波数をもっています。

体のどこかに不調が現れることを病気といいますが、これは、その臓器や器官、あるいは周辺の波動に乱れが生じているということです。

各器官には固有の周波数があると言いましたが、過去の優れた叡智が、各器官の固有の周波数を割り出しています。その正常な周波数と乱れた器官の周波数は、微妙に違いが現れます。

波動の考え方から言えば、この乱れた周波数をもつ器官に対して本来の周波数を再インプットしてあげればいいのです。そうすれば、病気は軽癒するというのが、波動を用いたヒーリングの考え方なのです。

「バイタルウェーブ」は、体に本来の周波数の波動をインプットし、気の波動を発生させるための機器なのです。

同時に、もう一つ波動調整するために、色のもつ力も使います。色彩を利用したヒーリング法の原点は古来よりあり、体不調に応じた最適な色を貼ることで、その波動は、体不調を和らげ癒すという働きをします。

さらにその波動は、人間の体と大変相性のいい性質があり、親和性があります。色を用いることで、身体へのヒーリングの力がより高くなるのです。

では、次に「バイタルウェーブ」の各パートについて説明していきましょう。

「バイタルウェーブ」の波形と周波数

「バイタルウェーブ」には、波形と周波数を設定するためのファンクションスイッチと、周波数ダイヤルがついています。

ファンクションスイッチ

「バイタルウェーブ」で波動のタイプを選択するときの切り替えに使います。

「バイタルウェーブ」の波動には「正弦波」と「三角波」の二種類の波形タイプがあります。オシロスコープで見ると、正弦波はまろやかな波形であり、三角波は鋭い波形となります。

正弦波は穏やかに作用する性質をもっていて、空間を浄化するとき、体不調を調整するとき、また物品にエネルギーを共振させるときなどに用います。通常使うのは正弦波ですから、スイッチはこちらにセットしておきましょう。

三角波は、ダイレクトに空間に作用する性質があります。こちらは、空間のマイナス波動をプラス波動に変えるというような、明確な変化が必要なときに用います。

神社に行って柏手を打つのは、空間の浄化という意味がありますが、三角波を使うのも同様の意味があります。

また、三角波には、人間の潜在能力を活性化する働きがあります。三角波で浄化された空間にいるだけで、潜在的な力は活性化します。

周波数ダイヤル

「バイタルウェーブ」本体についている「周波数ダイヤル」とは、体の不調な個所を調整するために、周波数を設定するダイヤルです。体の不調とその個所を調整する周波数の関係については、別に表を掲載してありますので、そちらを参考にしてください。

「バイタルウェーブ」は他のエネルギー製品の作用を増大させる

「バイタルウェーブ」は、前述したように、他のエネルギー製品と接続することによって、それらの働きを強めたり、影響の範囲を拡大することができます。

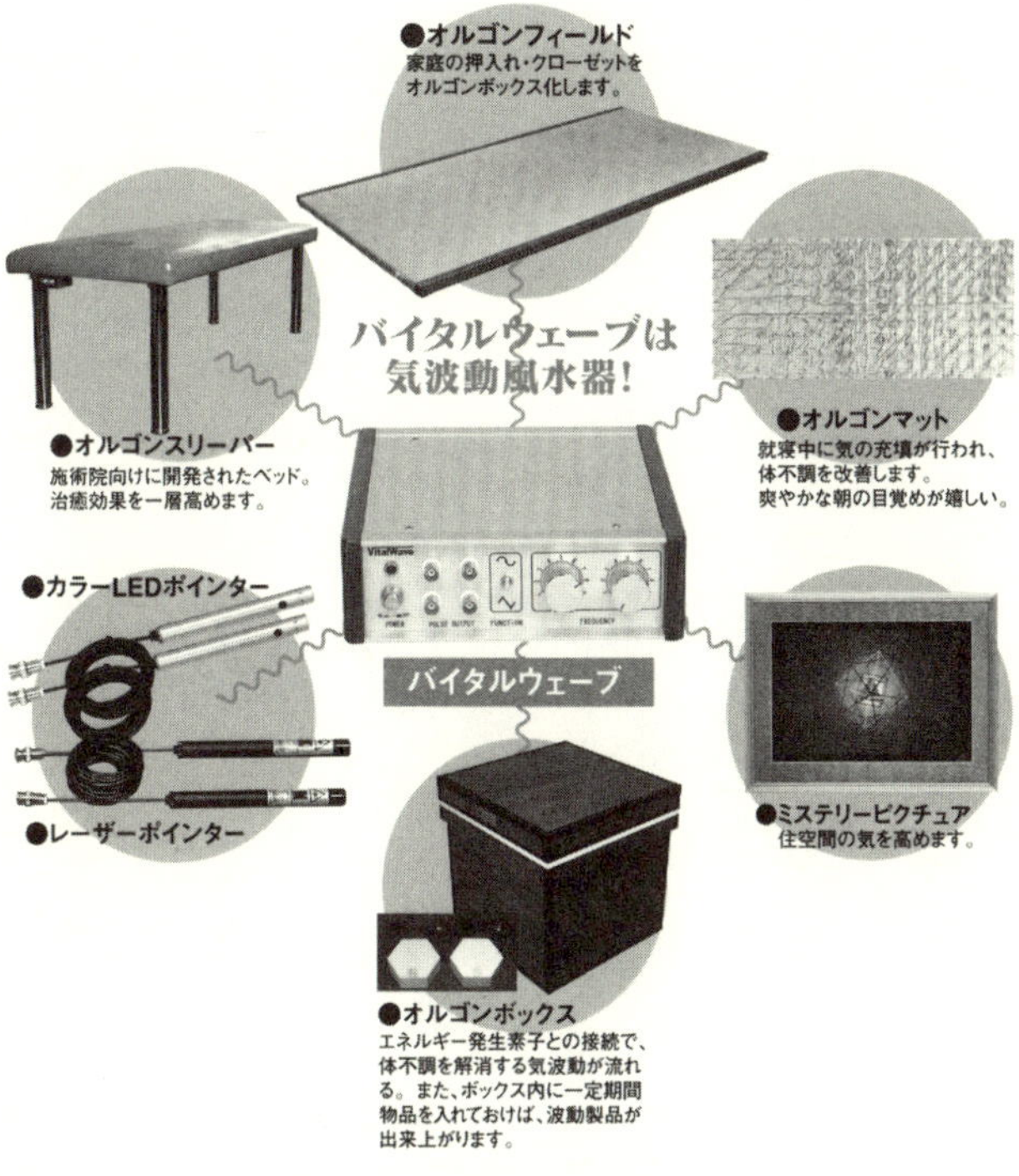
●オルゴンフィールド
家庭の押入れ・クローゼットを
オルゴンボックス化します。
●オルゴンスリーパー
施術院向けに開発されたベッド。
治癒効果を一層高めます。
バイタルウェーブは
気波動風水器!
●オルゴンマット
就寝中に気の充填が行われ、
体不調を改善します。
爽やかな朝の目覚めが嬉しい。
●カラーLEDポインター
●レーザーポインター
バイタルウェーブ
●ミステリーピクチュア
住空間の気を高めます。
●オルゴンボックス
エネルギー発生素子との接続で、
体不調を解消する気波動が流れ
る。また、ボックス内に一定期間
物品を入れておけば、波動製品が
出来上がります。

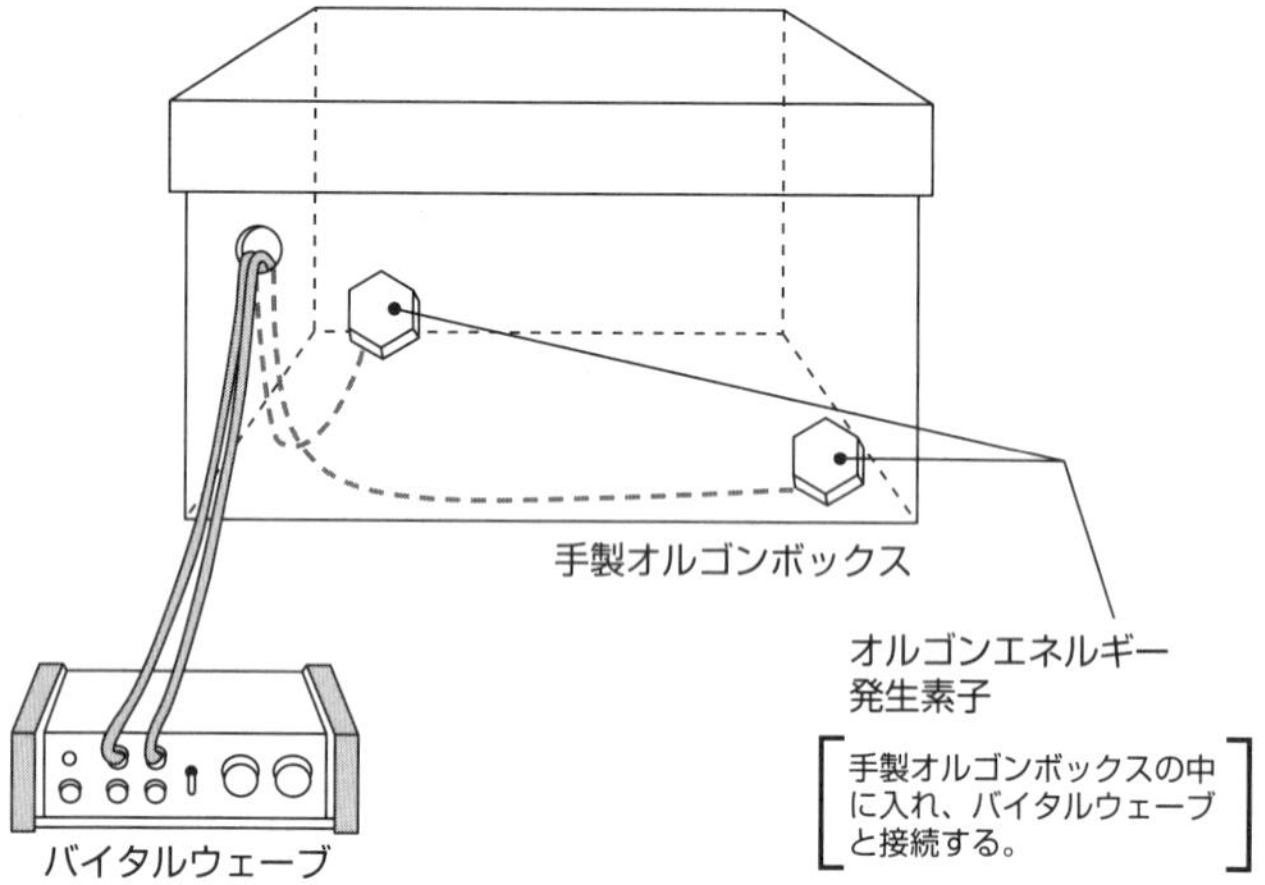

簡易のオルゴンボックス

主に、接続できるエネルギー製品の作用と効果をご説明します。

◇カラーLEDポインターを接続

「バイタルウェーブ」には、二本の「カラーLEDポインター」が接続できます。これは、ヒーリングしようとする個所によって、一本または二本使用します。「二本のカラーLEDポインター」を用いて、体不調部分を前後、または左右から挟んで照射することにより、ツボや経絡への刺激と同様の効果が期待できます。

体不調に応じたカラーフィルターを「カラーLEDポインター」の先端に装着して用います。周波数を設定した「バイタルウェーブ」から発生するエネルギーを、さらにカラーフィルターを通すことで、エネルギーはパワーアップします。体不調部分を調整するエネルギーとして、体が本来持っているヒーリング力を引き出し、効果的に調整・軽癒してくれるのです。「カラーＬＥＤポインター」は白色を基本とし、八色のカラーフィルター（赤、橙、黄、黄緑、緑、青、青紫、紫）を使用します。カラーの照射光を、体不調部分（痛み、凝り、発熱、腫れ、体液の滞留、痺れ、傷、疲労感などの近症状部分）に万遍なく当てることで、ヒーリング効果を得ることができます。照射する際に、ツボや経絡に必ずしも正確に当たらなくても広く照射されるため、体不調部分に直接照射していただければ十分に効果が期待できます。

◇エネルギー発生素子と簡易オルゴンボックスに接続

物品を進化させる気波動エネルギー集積炉Ｎ式オルゴンボックスについては、『「気」驚異の進化』で発表して以来、大きな反響を呼びました。

それは超科学の粋を極めたもので、電源を必要としません。この度、発表した「バイタルウェーブ」でも、同じ効果が期待できます。それは、Ｎ式オルゴンボックスパート２と申し上げてもいいと思います。

六角形の「エネルギー発生素子」を接続することにより、周囲の空間を強力な「気の波動エネルギー空間」に変えることができます。

通常、「エネルギー発生素子」は二個一組になっています。可動力があり、この二つの置き方を変えることによって、「気の波動エネルギー空間」が形成され、エネルギーの流れが変化してきます。

例えば、ヒーリングの際、目的に応じて体不調者の体を左右から挟んだ状態で置いたり、また頭の上と足元に置くなど、置き方や距離を調整し、ヒーリングすることができます。

また、手製のオルゴンボックスを作り、そのなかにオルゴンエネルギー発生素子二個を向き合わせる形で一定期間入れておくと、N式オルゴンボックスと同じような効果をもたらし、物品にオルゴンエネルギーを転写することができます。

※作り方に関しては、当研究所にご相談ください。

◇ミステリーピクチュアに接続

「ミステリーピクチュア」は「室内気流画」と呼ばれ、この絵自体が驚異の波動を発生させています。さらに額縁内装は、楢崎皐月博士の、異金属の電位差理論を基礎とした原理を応用して製作されています。

人に対しては、集中力・記憶力・勉学力などを向上させ、ストレス解消の効果が期待できます。

空間を浄化する作用があり、会社・店舗などへは繁栄、繁盛をもたらし、また除霊などにも効果があるとの報告が多数あります。「バイタルウェーブ」と接続することで、さらにその効果の増大が期待できます。

◇オルゴンマットに接続

「オルゴンマット」の内部は、オルゴンエネルギーを発生させるシステムが応用され、マット表面全体からは、エネルギーが二十四時間放出されています。

片面が金色で強いエネルギーを発し、もう一方の面は銀色で柔らかいエネルギーを発していますので、使用目的や、お使いになる方の体質に合わせてご使用いただけます。敷団の上において、その上に横になるだけで、体全体にオルゴンエネルギーが充填されます。体の弱っている部分を回復させ、ひずんだ部分を調整してくれますので、寝ているうちに体調は良くなり、寝起きも爽やかで、前日の疲れをきれいに解消してくれます。

また、「バイタルウェーブ」に接続し、波形と周波数を設定することによって、体の弱っている部分を改善する特定のエネルギーを放出するので、寝ているうちにヒーリングが受けられます。

次に、「バイタルウェーブ」を用いて、遠隔ヒーリングをされた方の体験談をご報告いたします。

「バイタルウェーブ」を用いた遠隔ヒーリングの報告

◆その1（送信アンテナを接続した場合）

（六十歳　男性）

私が、バイタルウェーブというマシーンに興味を覚えたのは、他の機器と接続することにより、いろいろな可能性が生まれるという汎用性がある点です。

西海先生がバイタルウェーブと送信アンテナを接続すれば、遠隔ヒーリングができると言われたので、挑戦することにしました。

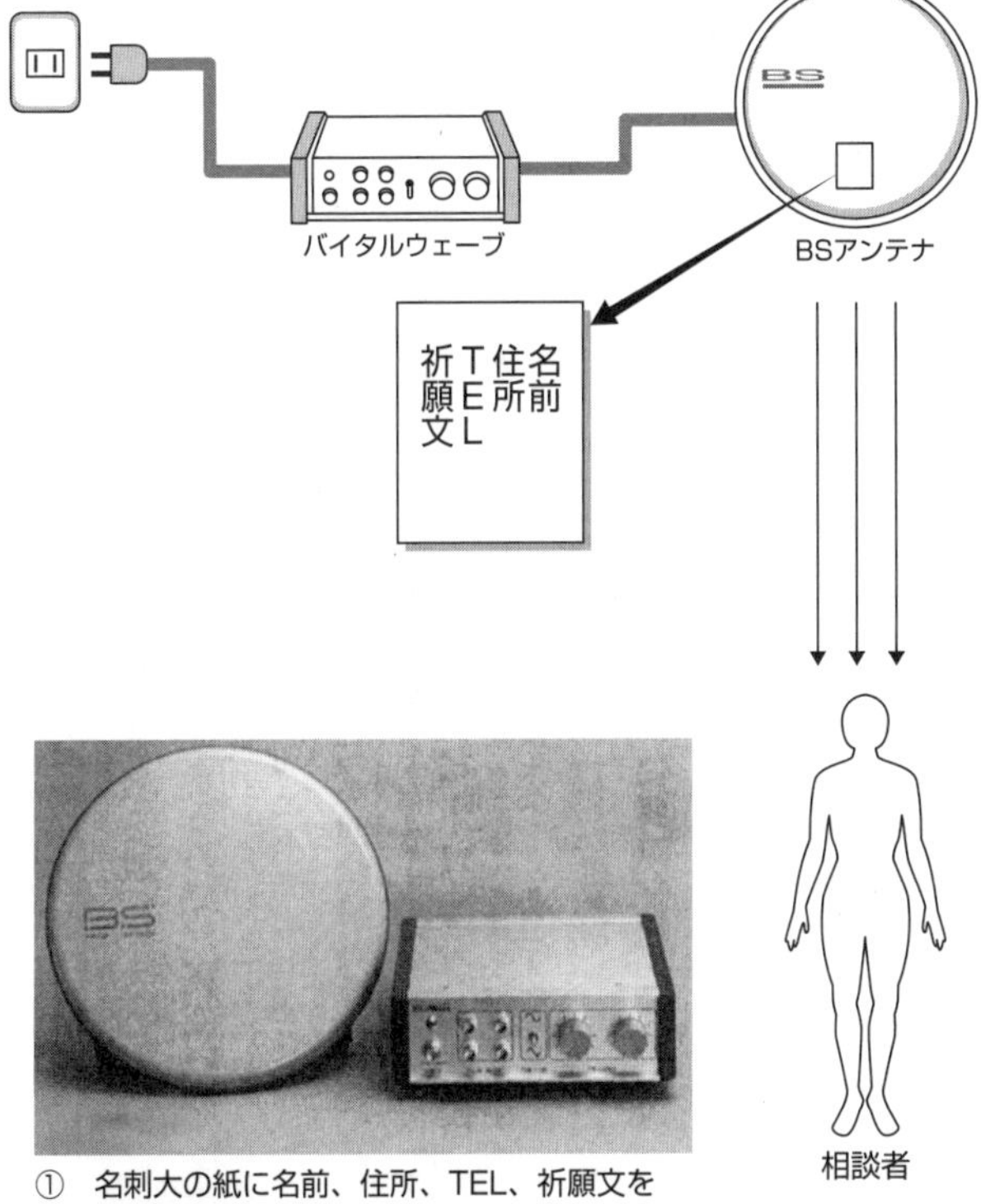

① 名刺大の紙に名前、住所、TEL、祈願文を鉛筆で記入する。
② 祈願文をBSアンテナに貼る。
③ BSアンテナを、相談者の方へ向ける。

バイタルウェーブとBSアンテナを接続した遠隔ヒーリング

遠隔ヒーリングをする相手の方は、四十代の北海道に在住する、重度の腰痛を訴えられている方です。

①バイタルウェーブと送信アンテナを接続する。

②電話であらかじめ、体不調部分を聞いておき、時間は打ち合わせの上、決めた時間から三十分間行うと知らせておく。

③バイタルウェーブを腰痛軽癒のための周波数八・四ヘルツに合わせる。

④紙に鉛筆で、〈体不調の方の氏名・電話番号・腰痛が治りました〉という祈願文を書いた。そして知らせていた時間になり、バイタルウェーブと接続した送信アンテナの上に貼り、遠隔ヒーリングを開始した。

⑤静かにして、波動の受け入れ態勢には入ってもらう。

⑥遠隔ヒーリングの終了後、再び電話を入れて、症状の変化を聞いたところ、「痛みが消えた！」と喜ばれる。まずは、実験成功だったた

（四十歳　女性）

◆その2（ミステリーピクチュアを接続した場合）

私はミステリーピクチュアに接続用配線端子をつけてもらい、バイタルウェーブ本体に接続しました。

遠隔ヒーリングの対象者は、四十代の霊的障害を訴えている方で、福岡に住んでいらっしゃる方です。

遠隔ヒーリングは、次のやり方で行いました。

①電話であらかじめ、霊的障害の状態を聞いておき、時間は午後二時から一時間行うと知らせ、ヒーリングが始まったら良くなるイメージを頭に描いてもらう。

②紙に鉛筆で、〔霊的障害を訴えている方の氏名・電話番号・霊的障害がなくなった〕という祈願文を書き、午後二時から一時間にわたってバイタルウェーブと接続したミステリーピクチュアの上に貼り、遠隔ヒーリングを行う。

③静かにして波動の受け入れ態勢に入ってもらう。

④お互いに祈願文を頭のなかで映像化する。

⑤毎日、十日間行う。

ヒーリング終了後、電話してみると、「体が楽になり霊的障害を感じなくなった」ということでした。

後日、お話したところ、以前とは違い非常に明るくなられていました。

以上の報告からわかることは、波動は、送信アンテナやミステリーピクチュアを用いて送信可能であること。同時に遠隔ヒーリングをより確実なものにするには、送信者と受信者の意識を同調させることが必要だということです。

また、祈願文を鉛筆で書くのは、鉛筆の芯は炭素なので、電気や波動を通しやすいという理由があるからです。

バイタルウェーブ体験談

※医療機関等で検査してもらうことは必要です。そのうえで、ボーテクリニック等の指導のもとに、ヒーリングされることをお勧めいたします。
※プライバシー保護のため、体験談のお名前は、イニシャルまたは無記名とさせていただきます。
※体験談はご本人の感想であり、結果には個人差があります。

①疲れた体がリフレッシュ、活力がわいてくる

（四十五歳　男性）

私の勤め先は銀行です。夜は毎日残業、日中は得意先回りで心身ともに疲れ、このままではいつ倒れてもおかしくない状態でした。

外回りに出たとき、電車のなかで週刊誌でも読もうと思い、駅の隣の書店に入りました。そこで、たまたま目にしたのが『波動物語』でした。表紙に描かれているなんとも不思議な図形に魅せられて、引き込まれるように思わず買ってしまいました。

そして何となく、その表紙の絵を肩や腰に当ててると、疲れがスーッと取れていく感じがしたのです。また、そのおかげか、その日の外回りはとても順調で、銀行に戻ったときも非常に元気でした。この絵のパワーのせいなのかと、しばらく机の上でその絵を見つめていました。

「小さな本の表紙ですら、こんなに大きなパワーを感じるのだから、実物だったらどんなにすごいんだろう……」思いは膨らむばかりです。

私はすぐにミステリーピクチュアを購入することにしました。購入するときに、さらに絵のパワーをアップする「バイタルウェーブ」があると書かれていたので、それも併せて購入することにしました。

絵は二枚購入して、一枚は寝室に、もう一枚はリビングに飾りました。そして、バイタルウェーブからコードを伸ばして、それぞれの絵に接続しました。波形を三角波、周波数を六・六ヘルツに設定しました。効果はすぐにわかりました。いつもはよく眠れず、寝ても夢ばかり見て寝汗をぐっしょりかいていたのに、絵を飾ってからは熟睡でき、朝の目覚めがとても爽やかです。

寝室はもちろん、リビングにいるときもリラックスして、ゆったりと本や新聞を読む気持ちの余裕が出てきたのです。以前は、何を食べてもおいしいと感じなかったのに、食欲もわき、朝一杯の水さえもうまいのです。

リストラの憂き目にも会わず、運もぐんとアップしてきたようです。

ミステリーピクチュアは単独で使うよりも、「バイタルウェーブ」に接続したほうが、エネルギーが増幅されるようです。

（四十歳　女性）

②バイタルウェーブで遠隔ヒーリングに挑戦

私は西海先生の本を愛読しています。先生はその著書のなかで誰にでも遠隔ヒーリングはできると言っていました。そこで、私も遠隔ヒーリングに挑戦してみようと思ったのです。まず、すでに購入していたミステリーピクチュアに、接続用配線端子をつけてもらい、バイタルウェーブ本体に接続しました。これで準備万端です。私が遠隔をしようと思ったのは、五十代の友人が、病院で肺ガンと診断されたからでした。

住んでいるのは北陸です。私は九州ですから、かなりの距離があります。

次に電話で、あらかじめ体の不調部分を聞くと、咳と微熱、胸の辺りが痛むということでした。ヒーリングを始める時間を伝え、その時間になったら「私は良くなる」というイメージを頭に念じるようにと伝えました。さて、いよいよです。私は紙に鉛筆で、ヒーリングをする相手の名前と電話番号、そして「体不調部分が良くなった」という祈願した言葉を書きました。そしてその用紙をバイタルウェーブと接続したミステリーピクチュアの上に貼り、波形を三角波、周波数を六・六ヘルツに設定しました。約束の時間から一時間ほど遠隔ヒーリングを行いました。約束の時間になると、お互いに祈願した言葉を念じて、頭のなかで映像化しました。一時間後、ドキドキしながら彼女に電話をすると、さっきとはうって変わって明るい声でした。

「ありがとう。体がとても楽になって、熱も平熱まで下がったわ。なんて言ったらいいか……」と言って、声が震えていました。

「大丈夫よ、これから十日間、毎日同じ時間に遠隔をやりましょうね。きっとよい結果が出るわよ」と、話している私も熱いものが込み上げてきました。それから十日間、彼女の病状が回復していくことを念じて遠隔を行いました。

後日、彼女から嬉しい報告が入りました。病院の定期検査の結果、症状が軽くなってきていると言うのです。本当に、誰にでも遠隔ヒーリングができるということを、私が身をもって体験したのです。

③弟が明るく活発な青年に大変身！

（三十二歳　女性）

私には十四歳も年が離れた弟がいます。両親を早く亡くしたので、私が親代わりになって一緒に生活しています。弟も高校卒業後は就職しましたが、なかなか長く続かず、職を転々としていました。そのうち体調をくずしてしまいました。症状を聞くと、胸が締め付けられるようで、吐き気や頭痛がすると言うのです。驚いた私は、すぐに大学病院に連れて行きました。結局、自律神経失調症という診断でした。薬を出していただきましたが、半年くらい服用しても効果がなかったので服用を止めました。

どうしたらいいのかと考えていたら、会社の同僚からボーテクリニックの話を聞き、早速予約を入れて弟を連れて行きました。弟は先生から質問を受けても何も答えず、室内に流れているヒーリング音楽も「うるさいから消してください」と言います。

ヒーリングルームに入ったときは、少し窓が開いていたのですが、「閉めていいですか」と、思いっ切り嫌な顔をして閉めに行くのです。弟がいるだけで、その場が暗くなり、嫌な空気が流れるのがわかります。弟の「気」が非常に低いせいか、高いエネルギーのなかにいると、ますます具合が悪くなります。どうにかできないものかと先生に相談すると、「毎日のヒーリングが必要ですね。でもここに通うには時間的にも金銭的にも大変なので、在宅ヒーリングをお勧めします」とおっしゃいました。早速バイタルウエーブ、オルゴンマット、六角素子、ＬＥＤポインターを分けていただきました。二十四時間、弟の症状に合わせた周波数とエネルギーを流しました。さいわい弟は勤めていなかったので、一日中エネルギーを受けることができました。エネルギーを受け始めた頃は、とても疲れていたようです。

続けるうちに、だんだん調子のいい日が多くなってきました。四カ月過ぎた頃から症状も軽減し、五〜六カ月過ぎた頃から笑うようになり、自分から仕事を探してアルバイトにも行くようになりました。月に一回、様子を見せにボーテクリニックに行っていますが、先生方も、笑いながら自分からいろいろなことを話すようになった弟を見て、喜んでくださいました。

「何より顔がものすごく明るくなって、いい顔になった！　男前になったよ！」と先生に言っていただき、弟も照れていました。仕事のほうも、まじめな働きぶりと、弟がいると明るくなる！　という理由で、バイトから本採用にしていただきました。いまではスポーツクラブにも通いはじめ、そこで彼女もできたそうです。

「今度、彼女を家に連れて来るからご馳走を作ってね」と弟が言ったときは、嬉しくて嬉しくてたまりませんでした。でも彼氏のいない私は、弟に先を越されちょっと悔しいなあ！　という感じです。

天国の両親もさぞかし喜んで安堵していることと思います。これもすべて、西海先生、ボーテクリニック長崎の松崎先生のおかげだと心から感謝しています。購入するときには、ちょっと高いな……と思っていましたが、今はそう思った自分が恥ずかしく、こんなに変わった弟を見ると安すぎるくらいだと思っています（笑）。これからも愛用しつづけます。

④ラップ現象がピタッと止まった！

（五十八歳　女性）

もともと霊感の強いほうで、知人が亡くなるときは、必ず前の晩に私の枕もとに現れたり、嫌な夢が現実になったり、金縛りにあったりします。健康セミナーに行くと、弱い人の気をもらってくるので体がものすごく疲れ果てて困っていました。

五年前に主人が他界して一人暮らしになった頃から、時々、夜中にラップ現象が起こるようになりました。雨戸をどんどんたたく音がしたり、閉めていた障子が開いたり、隣の部屋から大きな音がしたり、その度に「ここへは来るなー帰れっ」と大きな声を出していました。

それが最近ひどくて、怖くて眠れずにノイローゼ寸前まで来ていたと思います。知り合いから霊障が消えるというミステリーピクチュアの話を聞き、ラップ現象がおさまるのなら、いくらかかってもいいと思い、バイタルウエーブ、ミステリーピクチュアＤＸ、ＬＥＤポインターを購入しました。

早速、寝室にミステリーピクチュアを飾り、バイタルウエーブと接続しました。なんだか神社の境内にいる感覚です。少し神妙な気分で床に着きました。そしたら、なんと物足りないくらい、ピッとも音がしない静かな夜を過ごせたのです。次の日もそうでした。絵を飾った日以来、ラップ現象がまったくおさまったのです。それ以来熟睡ができるようになり、精神的にも肉体的にもまったく健康になりました。あのとき、バイタルウエーブやピクチュアと出合わなかったら今ごろ私は……と思うとぞっとします。本当に心から感謝し、お礼を申し上げます。

※プライバシー保護のため、体験談のお名前は、イニシャルまたは無記名とさせていただきます。
※体験談はご本人の感想であり、結果には個人差があります。

ボーテクリニック支店によせられた体験報告

〔Hさん・男性・七十代の場合〕

肉腫

〔七・四ヘルツ　正常波〕

大学病院で胃の裏から三・五キロの肉腫を摘出しました。臓器が癒着しているため、同時に腎臓一つと脾臓も摘出しました。術後、ふたたび胃の裏あたりに痛みが走り、検査をすると新たな肉腫が発見されました。大学病院では先生に「抗がん剤治療も放射線治療もまったく効果がない。現在の医療技術では効果のある治療法はない」と言われたのです。

ボーテクリニックをはじめて訪問したときは、先生は私の顔色をみて、「顔色が青白く、生気がないですね」と言われ、詳しい症状を聞かれました。

百会、経絡の各ポイントに合計十分、一カ月に五回、バイタルウェーブで照射していただきました。

痛みはまったくなくなり、顔色も生気を取り戻してピンク色になり、食欲も出てきて、それまでは寝たきりのような状態だったのですが、どんどん動けるようになっていきました。先生から「あとは肉腫がＭＲＩ検査で消えていればいいですね」と、病院での検査をすすめられ、血液検査をしたところ『血糖値が下がった』という結果に、妻や担当の医師が非常に驚いていました。

〔Ｏさん・六十代・女性の場合〕

リウマチ・便秘・坐骨神経痛・不眠

〔五・四ヘルツ　正常波〕

私は十年来の便秘に悩まされ、下剤を飲まないと絶対排泄できませんでした。

一回十分のヒーリングによって、薬なしで一日三～四回もお通じがあり、驚いたことに、いつの間にか、リウマチの痛みも消えていました。

また、坐骨の痛みも消えて、精神安定剤なしで眠れるようになりました。

高血圧・不眠症

〔Mさん・七十代・男性の場合〕

〔七・四ヘルツ　正常波〕

ボーテクリニックに通院して、一回十分の照射を一日に三回、それを三日間続けていただきました。夜になると血圧が高くなっていました（一八〇～一六〇）が、一三〇台に落ち着くようになり、体も楽になりました。

体が軽く、夜もよく眠れるようになりました。

脳梗塞の後遺症

〔Kさん・八十代・女性の場合〕

〔五・四ヘルツ　正常波〕

私は脳梗塞の後遺症で、いつも頭がもうろうとしていました。
それが、ボーテクリニックで一回十分のヒーリングを続けるうちに、頭がスッキリするようになり、後遺症にも悩まされなくなりました。

〔Sさん・六十代・女性の場合〕

膝痛・ドライアイ

〔六・六ヘルツ　正常波〕
十年来の膝痛が、一回十分のヒーリングを受けることで、一カ月ほどで消えました。また、ドライアイも改善してきました。施術は一回十分で不調部分のみの照射だけなのに、他の部分の体不調も軽くなり、驚きました。

〔Tさん・六十代・女性の場合〕

更年期障害・うつ症状

〔五・四ヘルツ　正常波〕
うつ症状（更年期）で長年悩んでいたのですが、ボーテ・ヒーリングの色彩波動照射を一日一回十分、一カ月（週六回）続けていただいたところ、気持ちが安定するのを感じ、周りの人から「すごく明るくなったね」と言われます。

〔Sさん・七十代・女性の場合〕

坐骨神経痛

〔九・九ヘルツ　正常波〕

二十年来の左下肢痛で、いろいろな治療を試みたのですが、何をやっても効果を感じませんでした。それが、ボーテクリニックでのわずか二回のトータル・ヒーリング（四十分で二回）ですっかりなくなりました。

〔Sさん・三十代・男性の場合〕

原因不明の体調不良

〔六・九ヘルツ　正常波〕

整体を生業としている者です。施術の際に、患者さんのマイナスの波動を受けてしまい、毎日、体がつらくてしょうがありませんでした。霊的にも敏感なほうで、高校時代より現在まで原因不明の体調不良が続いていました。二日間のトータルヒーリングをお願いしたところ、長年の体調不良が改善され、何十年ぶりかの爽快感を味わいました。

ボーテクリニックの先生から「以前と比べて笑顔がとても多くなったね」と言われます。

糖尿病による合併症

〔Tさん・五十代・女性の場合〕

〔九・九ヘルツ　正常波〕

私は糖尿病の合併症がありました。ボーテクリニックのヒーリングを受け、約一カ月ほどで改善されました。（ヒーリングは週三回）

・首の痛みが取れ、首が回るようになる（二回目）
・医者からも治らないと言われた、極度の耳鳴りがピタリとやむ（四回目）
・腰椎手術後の重苦しい痛みがすっかりとれる（七回目）
・体が温まると気管がなる音（ヒューヒュー音）がしなくなる（十回目）
・顔色がかなり良くなる
・ヘモグロビンＡＩＣの数値が安定してくる（一カ月たって検査にて）

静脈瘤

〔Wさん・六十代・男性の場合〕

〔七・四ヘルツ　正常波〕

私は右足ふくらはぎ部に静脈瘤があり、血管外科の先生にも手術の必要性大と言われました。

私の静脈瘤は類例がないほど大きいもので、今にも破裂寸前とのことです。そこで知人から紹介されたボーテクリニックを訪ね、バイタルウェーブ・LEDポインターを照射していただきました。週五回の割合で一カ月続けたところ、跡形もなくなっていました。

坐骨神経痛・腰痛・不眠症・肩こり・プラーク

〔Tさん・六十代・女性の場合〕

〔五・四ヘルツ　正常波〕

飲食店を経営している私は、立ち仕事が多く、夜遅く帰ることも頻繁です。坐骨神経痛、腰痛、不眠（安定剤は頻繁に飲用）、肩こり、頭痛があり、仕事に支障をきたしていました。ボーテクリニックに通い、約一カ月（週五回）、バイタルウェーブ・LEDポインターの照射を十分続けていただきました。すると、前記の諸症状がすべて改善されました。

以前に、病院の頚動脈エコー検査で血管のなかにプラークが発見されていたのですが、その後の検査ではなくなっていました。

朝起きたときの頭痛は、脳卒中のシグナルだったのではないかと推測されます。以前病院で、脳卒中の患者の多くは、脳にいく頚動脈部にプラークが多いと聞いたことがあります。しかし、私は脳卒中の起こる手前で、バイタルウェーブによって救われたのではないかと思っています。

改めてバイタルウェーブの効果にも大変驚かされました。本当に感謝しています。

〔Iさん・五十代・女性の場合〕

慢性便秘・花粉症

〔六・六ヘルツ　正常波〕

三日に一度しかお通じがない便秘に苦しんでいました。

バイタルウェーブによる百会、松果体、頚椎を中心に、一回十分のヒーリングを受け、慢性便秘が改善し、毎日お通じがあるようになりました。また、ヒーリングのおかげか、季節になると悩まされていた花粉症までなくなっていました。こんなにスッキリした気分は久しぶりです。

※医療機関等で検査してもらうことは必要です。そのうえで、ボーテクリニック等の指導のもとに、ヒーリングされることをお勧めいたします。
※プライバシー保護のため、体験談のお名前は、イニシャルまたは無記名とさせていただきます。
※体験談はご本人の感想であり、結果には個人差があります。

疾患別の《照射周波数》と《波動エネルギー色》

病名	照射周波数（Hz）	波動エネルギー色	関連照射部位		
			カイロ	経絡	チャクラ
アトピー性皮膚炎	6.6	黄緑	頚椎6、7番	1、3、5、6	4、7
アトピー性鼻炎	6.6	黄緑	頚椎3番	1、2、7	4、5、6
胃けいれん	6.6	黄緑	頚椎4番	6、10	3
胃弱	5.4	赤	胸椎5〜7番	6、10	3
関節炎	8.4	青紫	体不調部分に照射	5〜7、11	1〜3
感冒	9.9	青紫	胸椎1、3、4、5、8番	1、2、10	4、5
気管支炎	7.4	緑	胸椎3番	1、2、4	4、5
ぎっくり腰	9.9 5.4	青紫 赤	腰椎1〜5番 仙骨	5、6、7	1、2、3
気管支炎	7.4	緑	胸椎3番	1、2、4	4、5
傷	6.6	黄緑	体不調部分に照射	体不調部分に照射	1、6、7
血液循環	5.4	赤	頚椎7番、胸椎2番	8、9	4
五十肩	6.6	黄緑	頚椎6、7番 胸椎1、2番	1〜4、7、12	4、5、7
高血圧	8.4	青紫	胸椎1番	5、7、9	3、4
座骨神経痛	9.9	青紫	腰椎4番	4、5、7、12	1、2
痔疾	6.6 5.4	黄緑 赤	腰椎4、5番	1、2	1、3
自律神経失調症	7.4	緑	頚椎1番	13、14	7、6、5、4
腎臓病	7.4	緑	胸椎10〜12番	5	3
肺がん	6.6	黄緑	体不調部分に照射	1、2	4
疲労	6.6	黄緑	腰椎1、2番	6	1、3
ヘルニア	6.6	黄緑	腰椎4番、仙骨	5〜7、10〜12	1、2
便秘	5.4	赤	腰椎1、2、4番	1、3、4、6、7、12	3
膀胱炎	8.4	青紫	仙骨	5、6、7、11	2

※チャクラ部分には、白色光を照射します。

第五章　広がりゆく波動ヒーリング

全国氣療術師学会について

全国氣療術師学会
会長　西海　惇

全国氣療術師学会とは、私が主催する「氣療術師」養成の団体です。

この団体に加入したからといって、必ずしも、ヒーリングサロンを開設しなければならないということではありません。個人的に「氣療術」の勉強をしていただくのでもいいですし、また、私が開発したＤｒ系ヒーリング機器の、正しい基本的な使用方法を身につけるための勉強、研鑽の団体と理解していただければと思います。

団体の会長は私ですが、ヒーリング法の指導責任者は、松崎元威先生です。松崎先生は東洋医学について二十年ほど苦学され、さらに施術院を経営しています。大変な勉強家であり、またその方面の知識も実務経験も豊富で、私が大変信頼している方です。

学会設立発起人会の会議の結果、本部指導責任者は、西海が開発したヒーリング機器に精通している人、東洋医学の実務経験者、そして指導力があり、初心者に親身になってくれる人、という条件が挙げられました。

私がこの学会を主催していくうえで最も大切だと思っている点は、親身になって、心配りができる、ということです。経験不足の初心者も参加されるわけですから、手取り足取りの指導が必要になってきます。これは絶対条件といってもいいものです。人選会議の結果、松崎元威先生に決定しました。

松崎先生とは、創業当時からのお付き合いで、私の会社の創立時から今日に至る経緯について、また私が開発した製品のすべてに精通しています。そして、何より勉強家です。優しさは松崎家の血でしょうか。親身で心配りができるという点でも、右に出る人はいないでしょう。決まるべき人に決まって安心した次第です。

「全国氣療術師学会」の主旨は、二つあります。

一つは、私の開発した製品の正しい使用法についての説明と、地域でのアフターケア。

もう一つは、ヒーリングルーム開設者のための講座です。内容は、初級、中級、上級の三コースです。それに、附属機関でFAXによる通信指導コースも設けてあります。

これは、サロン開設者のためのサービスで、オーナーの経験不足の部分を松崎先生がフォローしてくれます。初心者、また開業者には安心のシステムとなっています。

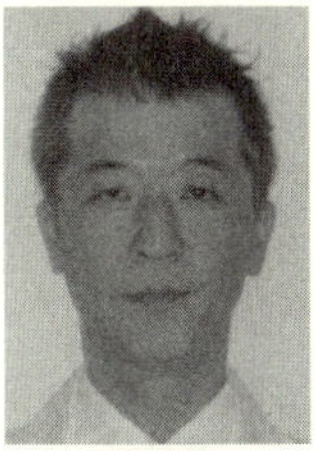

「全国氣療術師学会」のこれからの展開

本部指導室　松崎元威

平成十三年より、N式オルゴンヒーリングを普及するヒーリングスペースとして、ボーテクリニックを全国に展開中です。

西海先生との会話のなかで、先生のオルゴンエネルギーに関する思いや、人を癒す空間づくりの普及に、共振・共鳴・感動して、全国氣療術師学会のお手伝いをさせていただくことになりました。

現在、全国氣療術師学会では三カ月に一回の割合で、福岡をはじめ東京、大阪にて「高次元氣療術師養成講座」を開催しています。この養成講座の良さは、一日で氣療術師を養成しようというものです。他の療術業団体の先生方から「一日で本当にできるの!?」と言われそうですが、そこが会長である西海先生の既成概念にとらわれていないところ。「謙虚な気持ちと心配りができる人であれば一日、いや三十分でも充分」と言われています。何より一番感動していることは、主催者にも参加者にも、一様に優しい雰囲気があることです。

思い起こせば、私は最初、通信教育で療術の勉強を始めました。施術に対しては常に「なぜ?」「どうして?」という疑問がわいてくるものです。

私は療術院を開業してからも「クライアントの方にとって、さらにいいものを!」と思い、五種の療術養成講座を受講し、資格をいただきました。どれも確かにいいのですが、時間と金銭的にかなり多くの負担がかかります。今まで家族に対して金銭面だけでなく、精神面でも相当な迷惑をかけてきました。でも療術の資格を取るためには仕方のないものと、我慢してもらっていたのです。

でも全国氣療術師学会の認定講座は、まったく違うものでした。

なんと一日の講習(!)で資格が取れ、しかも他とは比べ物にならないほど安い料金(!)で受けられ、その後の勉強は、実践を積みながら同時に進めていくことができるのです。

これは子育てに通じるものがあります。相手は子どもとはいえ一人の人間です。一人ひとり個性も体質も違います。誰一人として教科書どおりにはいきません。いろいろな体験をしながら子どもと共に成長していきますし、問題が出てくると、すぐに真剣に勉強に取り組みます。

どなたも、なにごとにおいても自分にとって必要なことしかされないのではないでしょうか。

氣療術師になって、クリニックを開業していくことも、それでいいのだと思います。設備も全部揃っているに越したことはありませんが、状況に合わせて必要最低限の設備からスタートができますので、金銭的にも負担が少なくて済みます。だから、どなたでも安心して開業できるのです。

今までまったく経験がない初心者や主婦の方でも、クリニックを開業してから、安心してヒーリングの仕事に取り組めるサポートシステムがあります。ご自分のクリニックでわからないことが出てきたときには、すぐにＦＡＸ、またはＥメールにて質問するだけで、ヒーリングアドバイスが受けられます。それは「全国氣療術師ＦＡＸ＆Ｅメール情報会員」という制度で、初めての方にはとても役に立つありがたいサービスです。

それから、とても大事なことがあります。クリニックを開業するからには、仕事として成り立つ療術業でなければなりません。

周りを見るとすばらしい教え・療術にもかかわらず、利益の出ていないところもあります。経済的にはもちろん、肉体的・精神的・家庭的・社会的に安定した生活があってこそ、人に心から安らぎを与えられるのではないでしょうか。

そこで、氣療術師学会では、クリニックの運営やカウンセリングのやり方等の勉強をしたい、さらに上級のヒーリング方法を学びたい等と思われている氣療術師の方には、各種の補習講座を準備していますので、必要に応じて学ぶことができるようになっています。

現在、他の資格を持って開業されている方も、受講されていますが、「目からウロコの養成講座でした！」「自分が今まで勉強してきたのは何だったんでしょう？」と感想を述べられる先生方が最近増えてきています。

かつての私もそうだったのでよくわかるのですが、今までの知識や既成概念が、逆に邪魔になることもあるのです。

療術をされている先生方の多くが、「一日の終わりには、自分がクタクタに疲れるんですよ」「自分が患者さんの〝邪気〟を受けるので、とてもきついです」と言われます。

ところが、オルゴンヒーリングを取り入れていらっしゃる先生方にお聞きすると、「本当に不思議なのですが、何人ヒーリングしても疲れるどころか、やればやるほど自分が元気になるんです！」と言われます。ウソみたいな話ですが、N式オルゴンヒーリングでは、あたり前のことなのです。信じられない方は、ぜひクリニックの先生方にお尋ねになってみてください。

私たちは、「プロをなくし、誰もができるN式オルゴンヒーリング」を合言葉に、西海先生の思いや優しい波動を「知識や学歴ではなく、気配り・心配りができ、相手の事を思ってあげられる癒し名人」の方々に、お手伝いしていただきたいと思っています。

まずは地元に、だんだんとエリアを広げて日本全国、さらには全世界に、癒しのスペース（場）として広げていくことをめざしています。私はそのことに使命感をもって進んでいるのです。

「私も癒し名人！　ぜひ一緒に人と地球の癒しの場を広げて行きたい！」と思われている方々のご協力を、心からお願い申し上げます。

ボーテクリニックに参加して

東北で夢を実現！

中村英雄（ボーテクリニック東北）

三十六歳のときのことです。

当時、私はプロのセールスマンとして、東方西走しておりました。しかし、仕事にも一つの節目がきている時期で、何か自分でできるビジネスはないものかと、探してもいました。

ある日、『整体師になりませんか？』という雑誌の広告にふと目がとまりました。

そこに載っている白衣を着た先生の写真を見た途端、自分が白衣を着て施術している姿が鮮明に目の前に浮かんできたのです。私は、その場で整体師になることを決めました。そんなとき、新聞で西海先生の書籍の広告を見たのです。すぐに読ませていただき、ビックリ！『本当だったら凄いよな』という疑いの気持ちもありましたが、それより、試してみたいという気持ちが強く、すぐにドクトル・サンテを購入しました。使ってみて、さらにビックリ！　私が考えていた以上だったのです。本当に効果が出るのが早すぎるくらい早いのです。

それからというもの、西海先生が開発された製品を購入し、どんどん使わせていただいております。

本でしか拝見したことのない西海先生に、どうしても一度会ってご挨拶したいと思い、福岡の本社まで伺いました。ちょうどそのとき、西海先生は、ボーテクリニックの全国大会を考えていらっしゃいました。

そして、先生からぜひ東北地方で頑張ってください、というお話をいただき、喜んで参加させていただきました。

現在、私はボーテクリニックを運営するにあたって、「気波動の素晴らしさを一人でも多くの人に伝えていきたい」をコンセプトに活動させていただいております。そのためにも、ボーテクリニックを全国津々浦々まで、さらに全世界にまで広げていきたいと思っています。また、ボーテクリニック全国大会を開催することができたらと、大きな夢を抱きつつ、毎日をワクワクする思いで、過ごしております。

アメリカからの波動ヒーリング報告

武井典子（ボーテクリニックＵＳＡ）

私は、ワシントン州のシアトルで、マッサージ施術院を開業しています。ここは、マイクロソフト社、ボーイング社、スターバックス、そしてイチローがいるマリナーズなどで有名なところです。

アロマテラピーやリフレクソロジーなども取り入れていますが、レイキ（米国では気功より知られている）がどれよりも即効性があり効果的なので、レイキだけに絞って施術をしたいと思っていました。

そんなとき、近くに住む友だちが西海先生の『波動物語』を貸してくださいました。読むうちに胸がドキドキして、一気に読みました。私が十年間求めていて見つからなかったものが全部あるのですから、それはびっくりしました。

「ここに書かれていることは本当かしら?」

「本当にこんなすばらしい癒しの道具があるのかしら?」

と思いましたが、著者のお人柄が本いっぱいにあふれ出ていましたし、何よりも私が一番好きなタイプのお人柄だったので、この人が嘘を言うはずはないと確信しました。幸い、本の後ろに連絡先が載っていたので、日本が朝になる頃を見計らって、生活活性研究所に電話をしました。

体験談集とパンフレットがすぐ送られてきて、これも一気に読みました。何もわかっていなかったそのときの私には、正直言って、値段が高いのにびっくりしました。でもすぐに「ポケット・プラーナ」と、ご飯が美味しくいただけるというので「DNAクリスタルDX」を送っていただきました。

ポケット・プラーナの効果は抜群でした。友だちに言わせると、それをもつようになってから、私の性格がガラリと変わったらしいのです。そして、見知らぬ人までが、私に親切にしてくださるのを見て家族もビックリ。ポケット・プラーナのエネルギーは、人種も国境も越えるのですね。

パンフレットを、何回も何回も見ているうちに全部欲しくなり、結局、「オルゴンボックスDX型」、「Dr・オルゴン21・S型」、「オルゴンマット」、「ミステリーピクチュアDX」などを一気に注文。ポケット・プラーナの値段を見てびっくりしていた一カ月前の私がうそのようです。

そして、どうしても西海先生にお会いしたくなり、心をときめかして博多に飛びました。先生は、『波動物語』に、にじみ出ていたすばらしいお人柄そのままの方でした。そして、ホッとして、心の底から何ともいえない幸せ、嬉しさが込み上げてきました。これは先生にお会いできた人たちに共通する経験ではないでしょうか。

また、私が生活活性研究所と出合えて一番嬉しかったことは、八十歳になる日本の叔父がこの夏、シアトルに遊びに行ってもよいと言ってくれたことでした。

実は叔父は十八年前、脳梗塞で倒れ、右半身が不自由で会話ができませんでした。そのため自分の意志が伝わらなくて、さぞイライラしていたことでしょう。叔母と話をするたびに、叔母は「すばらしい能楽師だったのに残念、残念」と十八年の間、嘆き続けていました。それが「オルゴンマット」に座り、「Ｄｒ・オルゴン21・Ｓ型」を使うようになって九日目には、十八年間固くかじかんでいた右手が開き、指も一本、一本動き出しました。そして、デイサービスに行くと、「足がしっかりしてきたね」と褒められたということです。そのことをしっかりした文章で報告してくれたのです。また、海香石とＤＮＡクリスタルで作った波動水を毎日飲んでいるせいでしょうか、ただ健康になったというだけではなく、プラス思考人間にもなったようです。それまでは、家の周りの散歩と、デイサービスに行くだけの毎日だったのが、アメリカに行ってみたいという意欲まで出てきたのですから。

今のところ、クライアントは全部白人ですが、皆マッサージより「Ｄｒ・オルゴンでの施術」を依頼してきます。腰痛、肩凝りの改善で来ていたはずなのに、「どんな些細なことでも書き出してください」と言うと、「実は、動悸がする」「実は、睡眠薬を飲んでも眠れない」「実は、冷え性で夏でも靴下を履いて寝る」「何年も耳鳴りに悩まされ、四十回も針治療をしたけれど治らない」などと、様々なことを訴えてきました。

でも、どんなに悩みのリストが長くても、五、六回通っていただくと、いずれもかなり満足した結果が得られます。クライアントより私のほうが驚き、その度に「西海先生ありがとう!!」と叫びたい気持ちでいっぱいになります。

もちろん今では、生活活性研究所の商品は絶対安すぎると思っています。特に「オルゴンボックス」は、ただ持っているだけで幸せです。開けたり閉めたり、中の物を出したり入れたりしている私を見て、子どものようだと母が笑います。

DNAクリスタルも大変喜ばれ、体験談もいっぱいあります。いつか日本に負けない体験談集ができる日が来ると思います。

そして、これから生活活性研究所が世界に向けて羽ばたいていくのに、少しでもお手伝いができるようにがんばろう、と心に固く誓っています。

私の人生を一八〇度変えてくださった西海先生、ありがとう!!

韓国からの報告

盧《ろ》　在昱《ざいえつ》（宇宙霊氣波動活性化研究所）

日本の皆さま、ありがとうございます。

この度、私は、西海惇先生のおかげで、生活活性研究所の韓国総代理店を開くことになりました。

いきさつを簡単に申し上げますと、去る九月九日、東京にて日本占術協会と国際幻想科学協会が開催する学術大会に参加致しました。仁川空港で飛行機に乗る際、朝日新聞を一部とって座席に座りました。

普段、新聞を見るときは、まず一面の記事から読むのが習慣でしたが、その日は妙なことに、下段の書籍広告欄を目にしていました。そこには、私の運命の扉を開けるカギがあったのでした。

西海惇先生の著書『無限進化∞究極の波動器』新刊紹介広告が載っていました。私はこれを見た瞬間、全身に戦慄が走り、「この本には、確かに何かある」と直感し、東京に着いた翌日、書店に行って本を買いました。

韓国に帰った後、夜を徹して本を読み、大きな感動に打たれました。この本のなかには、医学の発達した先端科学の時代にあって、なお難病の苦しみから逃れられない現状を、解決することができる方法が明かされています。

その内容に感銘し、私はすぐに福岡に飛んで、西海惇先生にお目にかかることにしました。そこで先生はいろいろなことを教えてくださいました。

お互いの理解を深めた結果、先生の主宰する生活活性研究所と、私の主宰する韓国の宇宙霊気波動活性化研究所が提携することとなり、韓国総代理店を開くことを了承していただきました。

その後、私は親愛なる友人、李東烈先生に西海惇先生のことを伝え、二十余年間、病気で苦しむご夫人を同伴して、四人で再び西海先生を訪問いたしました。

そこで李先生の夫人は約二十分くらい、気施術を受けた結果、今まで経験したことがないくらいの心身の癒しを感じ、その日の午後には、福岡市内を観光ができるまでになりました。

私は、以上のいろいろな事柄で確信を得て、先端科学時代に生きながら難病を克服することができず、苦痛を甘んじている多くの人々に貢献しようと決心しました。

西海先生の指導を受けて、韓国の代理店運営を計画し、契約を結ぶことになりました。

また、私のおいが、韓国の大統領となり、私の周辺に急激な変化が起きております。息子は、東南アジア周辺に、インターネットを結ぶ企業で多忙を極め始めました。

突如として起こる、この事象は単に偶然の一致なのでしょうか。

年齢を考えず、今が青春と、宇宙エネルギーと遊んでゆく所存でございます。

今後、私なりに、生活活性研究所の発展に寄与すると共に、慢性難病に苦しむ大勢の韓国人の健康に対しても努力することを決心して頑張りますので、何卒よろしくお願い申し上げます。

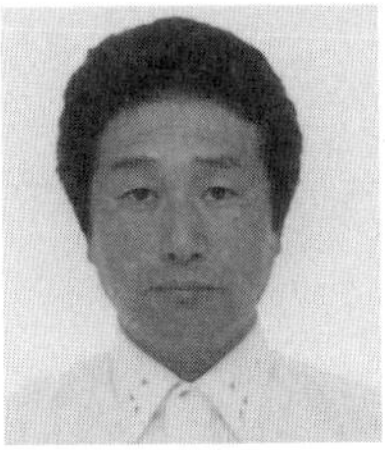

感性科学時代の訪れ

山内　要（生活活性研究所開発研究スタッフ）

私は子どもの頃から、不思議なパワーを持っていたようです。そのためか、成人してからは「気」の世界に人一倍興味を持っていました。当然のように中国は数回訪れ、本場の「気」の達人と言われる方々の実力も見させていただきました。ありがたいことに、南京中医薬大学の王玲玲教授、解余宏教授には特別のご指導を賜りました。

現在の私は、某会社に勤め、勤務のかたわら社内の体不調者のヒーラー役を務めています。一日約四、五十人くらいはみています。

平成九年二月、私はショッキングな事件に出合いました。

それは、ある総合整体術を指導する教室でのことでした。その教室に入ったとたん、今までに感じたことのない、ただならぬ「気」を感じました。責任者にその話をすると、彼は、「Dr・オルゴン21・S型」というヒーリング・マシーンをみせてくれました。開発者は西海先生ということ。

翌日、興味津々で、早速、西海先生をお訪ねしました。

それ以来、「気」の合う仲間の一人として、毎週一回研究所をお訪ねして、「気」談義に花を咲かせています。

私のヒーリング法は「推拿、気功、波動」の療術です。自己PRをしますと、気功に対しては、少々、自信を持っています。東洋医学的な体不調者の悩みは、一、二分間で解消させていただいています。自信を持っていないと、やっていけないのが気功の世界です。

ある日、完成されたばかりの製品を西海先生にみせていただきました。「バイタルウェーブ」という波動器と、「オルゴンスリーパー」というベッドでした。

まず、「オルゴンスリーパー」にあおむけに寝てみますと、「驚異」というより、「驚愕」という表現があてはまる感じでした。さらに、「バイタルウェーブ」と接続して波動調整していただくと、気功能力の高い気功師が六、七人くらいで、一度に外気功療法を行っているような感じでした。体全体の細胞一個一個が働き始め、それが全身に波のように伝わるのです。それは、小さなシビレというかバイブレーション状態で、心身が癒されていくのを感じ取りました。

それからは、週一回このベッドに四十分近く寝ています。私の気功力の向上につながっていくようです。

ヒーラーという立場からみると、一般の療術ベッドで施術をするより、オルゴンスリーパーで施術するほうが施術効果も違いますし、施術者も楽になるようです。また、療術院内の波動が高まり、室内の空気に違いが感じられます。

ベッドに接続された「バイタルウェーブ」は大変興味深い波動器で、ＬＥＤポインターやレーザーポインターを接続すると、Ｄｒ・オルゴン系ヒーリングマシーンになります。

六角波動発生素子と接続すれば室内の波動は高くなり、それを特殊なケースに入れればオルゴンボックスの出来上がりとなり、送信アンテナ（ＢＳアンテナ型の気波動送信器）

やミステリーピクチュアと接続すれば遠隔療術器となり、六角気波動発生素子とつなぎ、小さな部屋に置けば気功サウナとなります。これは非常に画期的なシステムだと思います。西海先生の研究所を訪れるたびに感じさせられるのは、「感性科学時代」の訪れです。ガチガチの科学理論ではなく、高次元の世界の情報を柔軟な感性で受けとめ物質化していく、感性科学時代とはそのようなことを意味するのだと思うのです。おそらく、未来の科学は、そのようになっていくのではないかと、漠然と感じます。

西海先生と生活活性研究所は、すでにそれを最先端でやっている、そのことを実感しています。開発スタッフとして参加させていただいていることを感謝し、また誇りに思っております。

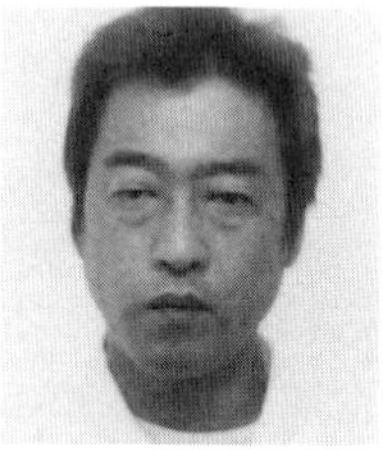

風水術の進化

永田　精二郎

以前から西海先生が提唱されておられる「空間環境浄化士」に思いを馳せるものがあり、ボーテクリニックの講習会が終った翌日、再度、西海先生をお訪ねしました。そこには、私と志を同じくした方達が十余名おられ、未発表の磁場変換装置の実験中でした。すぐに、西海先生から体不調の部分はないかとのお話でしたので、長旅のせいか、持病の腰痛と激しい肩こり、足のむくみが出て、気分が悪いと申し出ました。それではと、ベッドに誘導されました。西海先生は「あなたの痛みを瞬時にして空中に消してご覧に入れます！」軽妙な手品師の口調で、金属製のスティックを、洋服を着たままの私の肩、腰、つま先に五～六分ふれさせていました。ベッドから降りたとき、全ての不快は消えていました。

次の実験は、ホテル、マンションの磁場を瞬時にして変換するとのことでした。ホテルの一階に磁場変換装置をセットして、十七階までパワーが影響するか否か、の実験。茶筒くらいの大きさの装置で巨大ビルに変化が出るのか、私には当然の疑問。ある大型マンションにいたっては、住民の方が実験に協力してくださるようで、十六階の屋上に集合されていました。スタートの合図で「前屈運動」や「Oリング」で、子どもたちの集会のような大騒ぎ。私の不安は飛び、大成功でした。しかし、一階に置いた小さな装置で何故、ビルが丸ごと変化してしまうのか、私は西海先生にお尋ねしました。「アースです。

電化製品にアースがある、あの原理です。土地、建物に滞留している静電気、プラスイオンを消滅させてしまうのです。そうすることによって、居住区の気の流れは良くなり、人間が人間としての精神状態を保つことができ、幸運を誘導する場となるのです。これを西海流風水術の三位一体と言います」。

土地、建物、人で三位一体。あらゆる物質には電気的性質があるから、アースする。色と人間の作用関係、思考は人間性を創る、気の加工品。磁場を整え、気の流れを良くする。時代が変われば、術も変わる。西海先生の「空間環境浄化術」は、中国四千年の歴史、風水術を超えたと思いました。

今後はボーテクリニックへ参加して、風水部門をビジネスの中に取り入れられるよう精進したいと思います。

思いの波動は必ず伝わる

山本時次郎（ボーテクリニック・壱岐）

長崎の離島（壱岐）で、総合整体院を開業しています。

何か、今までとは違った療法があるのでは……そう考えていた矢先に、気功指導の先生である山内先生から生活活性研究所をご紹介いただきました。

波動器、オルゴンマット、プラーナクリーム等を私自身が体験いたしました。その感覚は、今まで体験したことのない何とも言えない充足感でした。疲れが抜けたかと思うと、次に気力が満たされていくような感覚。私にとって未知の体験でした。すぐに気に入り、早急に施術に取り入れました。

相談者の方々に治療を施すときにも、今までとは違う反応を感じています。西海先生や研究所の方々とお会いしたときも、癒しのエネルギーを感じました。

「バイタルウェーブ」を使用するのはもちろんのこと、治療院内に「ミステリーピクチュア」を掛け、「波動クリスタル」等を用いて、できるだけ磁場を上げ、なおかつホッとできる空間にしたいと思っております。

今後とも、新たな波動製品の誕生を望みながら、離島ではありますが地元の方たちの健康と笑顔の手助けになればと思っております。

湯河原でボーテクリニックをオープン！

力石康彦（ボーテクリニック・湯河原おあしす）

この度、私は西海先生とご縁をいただき、名湯の誉れ高い湯河原で、『ボーテクリニック湯河原おあしす』を開業することになりました。

元々、温泉を運営しておりましたが、そこを大幅に改装し、療法院を新たに設置いたしました。

温泉は、湯河原温泉原液を一〇〇％使用しており、温泉内には『海香石』を用い、高い波動を持たせております。

当温泉では、西海式気波動ヒーリングをはじめとして、整体、フットセラピー、アロマテラピー、各種電子治療（超音波・低周波・マイナスイオン・ＥＭＳなど）、ＡＲＤＫ（健康チェック）等を行っています。

また、健康な体を作るものは食材です。当温泉でお出しする食材は、自然農法のものばかりですので、身体の根本的な機能を高めてくれます。

温泉と西海式気波動ヒーリング法の融合、これぞ癒しの真髄だと自負しております。

多くの方に利用していただき、疲れた体をリフレッシュし、エネルギーを充填していただけることを切に願っております。

※住所等はボーテクリニックのリストをご覧ください。

福の神　真子君

さて、私の研究所のユニークなスタッフ真子君のことについて、少し書かせてください。彼は五十年配の、恰幅のいい熟年の男です。しかし、決して弁達者でないことから、誤解されることも多々あるようです。

真子君とは三十年来の友人で、実際、山あり谷ありの交友関係ではありましたが、私は彼には、不思議な魅力を感じています。それは、彼がもつ今時の人間が忘れてしまっている無償・ボランティアの精神です。生活が安定したなかでのボランティアの方々は、たくさん知っています。口先だけの偽善者も多いようです。しかし彼の場合は、困った人がいると見捨てておけないのです。目の前にお金に困った人がいると、仮に自分の全財産が一万円しかなかったとしても、その一万円を差し出してしまうのです。自分の交通費がなくなってしまっても、後先考えないのです。ボランティアというよりも、「義侠心」というものでしょうか。

彼は、決して恵まれた半生を送ってきたわけではありません。何度も精神的に裏切られたり、事業を失敗して、借金を背負い込んだこともあります。しかし、今彼は、昇竜の勢いでがんばっています。

以前は苦労も多く、普通なら世捨て人になっても仕方がない境遇にありながらも、困っている人を助けたことは一度や二度ではありません。私が知っているだけで、自殺寸前の人、一家心中寸前の家族たち、彼に助けられた人たちをたくさん見てきました。

彼は、よほどの大聖人か、国宝級のお人好しです。私は、そのどちらでもあると思っているのですが。

そのような彼ですが、私にとっては「福の神」であり、「恵比寿様」にほかならないのです。確かに彼は、平時にはあまり役に立たないかのように思えます。しかし、ひとたび会社に緊急事態が発生すると、「舵取り」をするのは彼です。彼が無意識のなかで発した言葉で私が何度助けられたことか。私が彼のことを思うとき、昔話のなかに出てくる、貧しい僧の姿が浮かびます。大雪の降るなかで、一人の貧しい僧が一軒の家に一夜の宿を求め、それをもてなした家に「福」を授けて消えていった僧です。

実は、私には夢があります。ネットワークビジネスを成功させたいという夢です。

グループのなかに、食品企画の会社があり、そこで開発したダイエットとサプリメントを組み合わせた、すばらしい製品が出来上がったことで、私が代表を務める株式会社ボーテ・エムエヌに運営権を与えました。そして、今まで埋もれていた真子君を抜擢し、すべてを彼に任せてみました。

以前、『ペイ・フォワード』という映画を見ました。その映画に登場した、無償の愛を持った少年と真子君がダブって見えます。この映画のなかの精神もまたネットワークビジネスの理念に通じるものがありました。

ボーテ・エムエヌの運営を任せたのも真子君は、ひたすら奉仕の精神で突き進むことができ、ネットワークビジネスの基本概念をもった男だと思うからです。人間は右脳型と左脳型に大きく分かれているといいます。しかし、運というものを念頭に置くならば、彼は、まさしく招福型と言えるのではないでしょうか。彼と知り合って、ビジネス展開している方々は急成長しておられます。そして彼は自分以上に栄えていく人々を満足そうに眺めています。

また、事業の別会社の運営を依頼している大里君は、私が現研究所を法人化する前の、個人会社時代から、私を支えてきてくれ、研究所が現在にいたるまで十三年間、骨身を惜しまずに来てくれた男です。

私が運営する企業グループや、外部スタッフには、優秀な人物がたくさんいます。それはやはり「波動」のおかげでしょう。私が今世紀に果たす役割を十分に発揮させるための「天の配剤」と言えなくもないでしょうし、同じ波動をもつものが共振・共鳴して、集まってきているのかもしれません。

あとがき

オルゴンエネルギーは無限進化する

『「気」驚異の進化』を上梓して以来多くの反響をいただき、その反響の大きさに驚かされたり、励まされたりしてきました。そのなかで、まだまだ多くの人が精神的、肉体的に苦しみ、悩んでいるということも、また知らされました。

そんな多くの方に、もう一度意識して受けとめていただきたいのです。オルゴンエネルギーが「気」と同じエネルギーだとするなら、オルゴンエネルギーの最大の発生装置は、私たちの「意識」なのです。それは、キリスト教でいうところの「愛」であり、仏教でいうところの「慈愛」なのだと思います。つまり、人を思いやる「心」です。

誰でもが持っているこの「気」の力を、もっともっとパワーアップさせるための補助をしてくれるのがオルゴン製品だということです。何度も言ってきたことですが、決してオルゴン製品が主役ではなく、あなた自身のもっている「気」が主導権を握っています。製品を開発するなかで、いつも私が懸念するのは、人々がこのエネルギー製品に頼り切り、自分自身の心の鍛錬を忘れてしまうのではないかということです。

私は常々「オルゴン製品がもっているパワーは無限である」と思っています。なぜ無限なのか？　それは私たち人間の愛のパワーが、そのベースになっているからです。みなさんはオルゴン製品に依存するのではなく、まず心を磨いて精神性を高く保つことです。それが何よりもオルゴン製品のパワーを最大限に引き出す鍵になるのです。

人の思いやりこそがオルゴンエネルギーの本質です。あなたの心のなかに、思いやりの温かいオルゴン波動が浸透していって共鳴すれば、「気」は、おのずと私たちの想像を遙かに超えてますます進化していくはずです。

本書にここまでお付き合いくださった、読者のみなさまに感謝いたします。

私の伝えたいことは、これだけ書いてもまだまだ足りないような気がします。

新しい点を書き足し、書き足ししているうちに、版元の「たま出版」が音をあげて、「先生、これではいつまでたっても出版できませんよ」と言われる始末です。そこで、新しい情報は次の本に譲ることとして、現段階の報告をまとめさせていただきました。さらに、新しい情報に興味のある方は、生活活性研究所（０９２‐７１６‐４２４８）にご連絡のうえ、私の主催するセミナーにご参加ください。

どうか皆様が、私どもが開発した製品をそれぞれの分野で活用させ、夢を実現させるためにお役にたてていただければ幸いです。

最後になりますが、この本の出版にご協力くださった細畠保彦氏（ワイズ・オフィス社長・元たま出版社長）、高久信一氏㈱オムニジャパン社長）、森田るり子氏㈱ビューライズ編集長）に心よりお礼申し上げます。

また弊社がここまでこられたのは、支持者の皆様の温かいご支援の賜と深く感謝申し上げます。

全国のボーテクリニック

ボーテクリニック・宮城（及川ひろこ）
〒981-3134　宮城県仙台市泉区桂2-1-1　☎022-374-6873

ボーテクリニック・宮城豊里（佐藤哲也）
〒987-0365　宮城県登米郡豊里新町1-1　☎0225-76-1329

ボーテクリニック・千葉（高橋功）【高橋総合健康センター】
〒299-0245　千葉県袖ヶ浦市蔵波台5-2-25VILLA寿1-202
☎0438-62-9474

ボーテクリニック・湯河原おあしす（力石康彦）
〒259-0303　神奈川県足柄下郡湯河原町土肥1-13-3　☎0465-62-5334

ボーテクリニック・長野（笠原ゆかり）
〒392-0015　長野県諏訪市中洲5682-2　☎0266-57-1906

ボーテクリニック・松本（上條榮一）
〒399-0032　長野県松本市芳川村井町242番地　☎0263-58-2160

ボーテクリニック・東北（中村英雄）【整体療術院ナカムラ】
〒950-0925　新潟県新潟市弁天橋通1丁目4-33コナンビル1F
☎025-287-4200

ボーテクリニック・関屋（安藤義之）【安藤整体療術院】
〒951-8127　新潟県関屋下川原町2-33　☎025-231-4266

ボーテクリニック・新潟（井ノ川秀樹）【井ノ川漢方整体】
〒950-0211　新潟県中蒲原郡横越町川根町5-7-16　☎025-385-2154

ボーテクリニック・西新潟（鎌田康彦）
〒950-0166　新潟県新潟市寺尾4-2-18-2F　☎025-268-0911

ボーテクリニック・東新潟（山口敏夫）【真愛漢方整体】
〒950-0157
新潟県中蒲原郡亀田町鵜ノ子2丁目3-25グランメールA-101
☎025-383-3856

ボーテクリニック・愛知（大澤美保）【おおさわ】
〒485-0016　愛知県小牧市間々原新田979番地寿づや106
☎0568-75-2595

ボーテクリニック・稲沢（関伸彰）【関鍼灸院】
〒492-8157　愛知県稲沢市井之口柿ノ木町71番地の2　☎0587-21-0507

ボーテクリニック・京都（中井みゆき）
〒604-8811　京都府京都市伏見区向島津田165-12　☎075-602-2807

ボーテクリニック・神戸（倭田恵司）【神戸心理クリニック】
〒650-0013　兵庫県神戸市中央区花隈町9-25-601　☎078-371-1786

ボーテクリニック・広島（藤井ユカコ）
〒728-0012　広島県三次市十日市中2-11-21　☎0824-63-0333

ボーテクリニック・さぬき（崎山たみ子）【香川波動研究会Pick up】
〒769-2303　香川県さぬき市長尾名283　☎0879-53-2047

ボーテクリニック・北九州（大野あけみ）
〒806-0045　福岡県北九州市八幡西区竹末2丁目3-13-205　☎093-641-4334

ボーテクリニック・福岡（永富由久雄）
〒810-0041　福岡県福岡市中央区大名2-4-38-605　☎092-739-8082

ボーテクリニック・よしい（伊藤きみ子）【カイロプラクティックよしい】
〒839-1300　福岡県浮羽郡吉井町617-11　☎090-2394-0276

ボーテクリニック・ＳＡＧＡ（村井美穂子）
〒849-1313　佐賀県鹿島市大字重ノ木乙2923-9　☎0954-63-0762

ボーテクリニック・長崎（松崎明美）
〒859-3236　長崎県佐世保市南風崎町199-1　☎0956-59-3838

ボーテクリニック・平戸（田中恵美子）
〒859-5102　長崎県平戸市大久保町1176-1　☎0950-23-3371

ボーテクリニック・壱岐（山本時次郎）【芦辺総合整体院】
〒811-5467　長崎県壱岐郡芦辺町箱崎江角触683-1　☎09204-5-2299

ボーテクリニック・永安（永安ひろ子）
〒857-0361　長崎県北松浦郡佐々町小浦免5-13　☎0956-63-2508

ボーテクリニック・リン（山下リン子）【ヘルシーサロン倫】
〒860-0864　熊本県熊本市八景水谷4-5-83　☎096-343-3435

ボーテクリニック・大分（内尾政明）【カコタ整骨院】
〒879-0471　大分県宇佐市四日市1555-2　☎0978-33-0288

ボーテクリニック・名瀬（竹元智得子）

〒894-0015　鹿児島県名瀬市真名津町3-31　☎0997-52-1318

ボーテクリニックＵＳＡ（Noriko Takei）

605 Jasmine PI.NW Issaquah WA 98027 USA　☎1-425-782-9978

韓国・宇宙霊氣波動活性化研究所（盧 在昱）

韓国 SOUL 永登浦區汝矣島洞 61-3-1001号　☎82-2-782-9978

協力施術院

自救整体術療院（院長高買登）

〒070-0022　旭川市東二条3丁目　☎ 0166-25-4407

有満整骨院（院長有満庄司）

〒151-0073　東京都渋谷区笹塚2-14-4　☎ 03-3378-6926

ヨーロッパ統括本部（Masao Yamazaki）

16,RUE DELASOURDIERE,75001PARIS　☎2,61,25,75（BUR.）

☎46,63,30,40（DOM.）

FAX 45,36,02,48

著者プロフィール
西海　惇（にしうみ・まこと）
1940年10月1日生まれ。長崎県出身。
1985年、中央企業代行センターを設立。企業間の企画、営業関係者に対する潜在意識を中心とした実務セミナーを開催。
1994年、宇宙エネルギーに携わり、（株）生活活性研究所を設立。
2001年、（株）ボーテ・エムエヌの代表取締役として、画期的な西海流21世紀の風水術を提唱。各県において、宇宙エネルギーと西海流風水術の啓蒙運動を精力的に展開中。

本編の詳しい資料のご請求は下記まで

株式会社 生活活性研究所
〒810-0041　福岡県福岡市中央区大名1-1-4　大博ビル
電話　092-716-4248
FAX　092-716-4249

気波動 百花繚乱

2003年11月7日　初版第１刷発行

著　者　西海　惇
発行者　韮澤 潤一郎
発行所　株式会社 たま出版
〒160-0004　東京都新宿区四谷4-28-20
電話　03-5369-3051（代表）
http://tamabook.com
振　替　00130-5-94804

印刷所　東洋経済印刷株式会社

ISBN4-8127-0074-4 C0011